ANNOINCARNACIONISXPI·M·XXX·INDICCION

DIE MAGYAREN

GEBURT EINER EUROPÄISCHEN NATION

György Balázs – Károly Szelényi

CORVINA

Aus dem Ungarischen übertragen von Liane Dira
Gestaltung: Simon Koppány

ISBN 963 13 2666 7
CO 2665–h–8991
Gemeinschaftsausgabe des Corvina Kiadó, Budapest, mit dem Österreichischen Bundesverlag, Wien
Vertrieb in aller Welt außer in Österreich, Schweiz, Bundesrepublik Deutschland und Westberlin

Inhalt

Captatio benevolentiae

Die griechischen Stämme wanderten in der ersten Hälfte des 2. Jahrtausends v. Chr. zwischen den südlichen Bergen des Balkans ein und erreichten das Ufer des Mittelmeeres. Viele Jahrhunderte vorher waren ihre entfernten Verwandten, die Arier, auf die indische Halbinsel vorgedrungen, und ungefähr zur gleichen Zeit mit dem Eindringen der Griechen erfolgte auch die Landnahme der jüdischen Stämme in Kanaan. Die slawischen Stämme zogen etwa zu jener Zeit in die die Donau und ihre Nebenflüsse umgebenden Wälder, als die Angelsachsen ihre Wohnstätten am Unterlauf der Elbe verließen und die von den Kelten bewohnten Britischen Inseln in Besitz nahmen.

Es gibt in Europa kaum ein Gebiet, dessen spätere beziehungsweise heutige Bevölkerung ihren Siedlungsort nicht durch Einwanderung, durch „Landnahme" in Besitz genommen hätte: die Etrusker und Italer, unter ihnen die Latiner, die Apenninenhalbinsel; die Römer und danach die Franken Gallien; die Türken Kleinasien und die Ungarn das Karpatenbekken.

Die archäologischen Forschungen beweisen zweifelsfrei, daß Wanderungen menschlicher Gemeinschaften nicht nur in der jüngsten historischen Vergangenheit, sondern oft auch schon viel früher vorkamen. Die Gebrauchsgegenstände oder die Siedlungsformen, die Arten der Bestattung oder auch anthropologische Eigenheiten tauchen dort auf, wo man ihnen früher nicht begegnen konnte: Es sind unfehlbare Anzeichen der Wanderung. Aber nicht aus Abenteuerlust oder anderen leichtfertigen Gründen verlassen einige Menschengruppen ihren gewohnten Siedlungsort und ziehen in fremde Gegenden.

In vielen Fällen ist es schwer, ihre Motive zu rekonstruieren, sie mußten aber immer einen schwerwiegenden Grund gehabt haben. Neue, unbekannte Umstände haben sie auf die Probe gestellt. Auf feindlichem Boden, konfrontiert mit fremden Pflanzen und Tieren, mußten sie ihr Leben weiterführen, meist verwickelt in schwere Kämpfe mit den früheren Einwohnern ihrer neuen Heimat, die sie verständlicherweise als Eindringlinge empfanden.

Es wäre gewiß sehr interessant zu analysieren, welche Spuren in der Seele und in den Traditionsschätzen der Völker nach einer Landnahme zurückbleiben. Die verlassene Heimat lebt – obwohl sie gewiß aus triftigen Gründen verlassen worden war – in der kollektiven Erinnerung oft als angenehme und vertraute Gegend, so schön wie das Paradies; auch das Land Eden ist eine solche Überlieferung. Bedeutender und dauerhafter ist jedoch die Tradition der Kämpfe während der Landnahme. Das ist das Thema eines großen Teiles der hinduistischen Mythologie und Literatur; die Bücher des Alten Testamentes schöpfen ebenfalls aus dieser Tradition, und auch in der griechischen Mythologie tauchen oftmals die Spuren der Kämpfe auf. Beda der Ehrwürdige berichtet ausführlich über die blutigen Kämpfe zwischen Angelsachsen und Kelten. Die Kiewer Chronik erwähnt noch nach Jahrhunderten die Gegensätze zwischen Slawen und Awaren.

Wenn die landnehmenden Stämme der Eroberer fremden Boden betreten, ist ihr Hauptargument die Waffe, das Recht des Stärkeren. Sobald sich aber die neuen Verhältnisse gefestigt haben, konstruieren sie gern rückwirkend gefälligere Rechtsansprüche. Den Nachkommen Abrahams wurde Kanaan von Jahve versprochen; den aus Ilion fliehenden Äneas, den Vorfahren der Römer, haben die Götter nach Latium geführt; Attila forderte, sich auf seine Braut, die römische Kaisertochter berufend, das gesamte Römische Reich als rechtliche Mitgift für sich... Auch die Ungarn eroberten zwischen 895 und 897 das Erbe des hunnischen Großkönigs als Attilas rechtliche Erben „zurück", wie die spätere Sage wissen läßt.

Eine andere Rechtsquelle ist der Ankauf. Der biblische König David kaufte lange nach der Besetzung Jerusalems für fünfzig Silberschekel von dem Jebusiter Aravna den Platz für Jahves Altar. So gab auch der ungarische Árpád, der Führer der landnehmenden Ungarn, ein herrliches weißes Pferd mit Sattel und Zaum für den Boden der neuen Heimat, für ihre Weide und ihr Wasser und betrachtete sich von da an als ihr berechtigter Besitzer.

Die abgerundeten Erzählungen der historischen Legenden entstehen irgendwo auf dem Scheideweg zwischen realen Erinnerungen und „von Sehnsucht geborenen Gedanken". Wir wollen aber jetzt nicht auf die überlieferten Legenden, sondern auf die historischen Tatsachen eingehen.

Monumentales Rundgemälde, gemalt von Árpád Feszty anläßlich des 1000. Jahrestages der ungarischen Landnahme; er verewigte das Ereignis aufgrund der Chroniken. Das Gemälde wurde im Zweiten Weltkrieg stark beschädigt. Hier ist ein Detail der ursprünglichen Farbskizze mit einer Gruppe der landnehmenden Stammesfürsten zu sehen.

Urheimaten: Ural, Wolga, Don

Als das Ungartum in das Blickfeld der Geschichte geriet, schien es ein Teil des türkischen Volksgemisches zu sein, das von Südosteuropa bis Mittelasien reichte. Von seinen vielen verschiedenen Zuchttieren war das Pferd das wichtigste, auf dessen Rücken wanderten und kämpften die Ungarn. Bewaffnung und Kampfart entsprachen der wohlbekannten und gefürchteten Ausrüstung und den Bräuchen der Hunnen, der Awaren und der anderen berittenen Nomadenvölker. Von den Ungarn war auch bekannt, daß sie kurz vor ihrem Auftauchen in Mitteleuropa zum westlichen Turkreich, mit anderem Namen Reich der Chasaren, gehört hatten. Es kann also nicht verwundern, daß sie in den byzantinischen Quellen einfach unter der Bezeichnung „Turken“ erwähnt werden und die europäischen Völker ihre Verwandtschaft mit den Hunnen für sicher ansahen.

Die ungarische Sprache – die so sehr von der Sprache der christlichen Völker, aber auch vom Türkischen abwich – wurde damals natürlich noch nicht untersucht. Erst fast ein Jahrtausend später, 1770, erschien die wissenschaftliche Abhandlung des Jesuitenpaters János Sajnovics in Kopenhagen und dann in Wien unter dem Titel *Demonstratio idioma Ungarorum et Lapporum idem esse,* die die finnisch-ugrische Verwandtschaft der ungarischen Sprache nachwies. (Sajnovics befaßte sich übrigens nur nebenbei mit Linguistik. Er war Astronom und arbeitete in österreichischen und ungarischen Sternwarten. Nach Lappland ging er auch nur, um den Planeten Venus zu beobachten.) Seither wissen wir, daß die nächste Verwandtschaft der ungarischen Sprache nicht nach den zum finnischen Zweig gehörenden Lappen weist, sondern zu zwei kleinen Völkern, die am Ob und seinen Nebenflüssen wohnen: den Chanten und den Mansen. Zusammen mit den Ungarn bilden sie den ugrischen Zweig der finnisch-ugrischen Sprachen. Die Verwandtschaft ist auf jeden Fall weitläufig: Es kann keine Rede sein davon, daß sie einander verstehen wie etwa die Slawisch sprechenden Völker. Nachdem die Ungarisch Sprechenden sich von ihren ugrischen Sprachverwandten getrennt hatten, lebten sie mit vielen anderen Völkern zusammen, aus deren Sprachen sie auch Ausdrücke, ja sogar morphologische Elemente übernahmen. So finden wir in der ungarischen Sprache iranische, verschiedenen türkischen Sprachen entstammende, kaukasische, ostslawische und andere Lehnwörter aus den Zeiten vor der Landnahme. In der neuen Heimat wurde die Sprache durch lateinische, deutsche, südslawische, italienische, rumänische, französische und andere Elemente weiter bereichert.

Die Wendepunkte der Entstehung und Entwicklung des ungarischen Volkes liegen im Dunkel der vorgeschichtlichen Zeit bis zu dem Zeitpunkt, da die Chronisten des Chasarenreiches – vor allem arabische und persische Reisende – sie erwähnten. Der byzantinische Kaiser Konstantin VII. Porphyrogennetos schrieb Mitte des 10. Jahrhunderts wie folgt über die Ungarn: „Sie wohnten drei Jahre zusammen mit den Chasaren und kämpften gemeinsam in allen ihren Kriegen mit ihnen.“ Die „drei Jahre“ scheinen auf jeden Fall zuwenig – die Auslegung ist umstritten –, daß sie „zusammen wohnten“, das heißt die provisorische Integration des ungarischen Stämmebundes in das Reich der chasarischen Chagane, ist dagegen Tatsache. Die Chasaren stammten aus dem Fernen Osten, dem Grenzgebiet zu China, im 7. Jahrhundert trieb sie die Völkerwanderung ans Ufer des Kaspischen Meeres, in das Deltagebiet der Wolga. Hier unterwarfen sie die unterschiedliche türkische Dialekte sprechenden onogurisch-bulgarisch-türkischen Stämme. Das neue Reich brachte im 7. und 8. Jahrhundert die arabische Expansion zum Stehen, nahm Beziehungen zu Byzanz auf und wurde bis zur Mitte des 10. Jahrhunderts zwischen dem Kaspischen Meer und dem Don zu einem bestimmenden Faktor. In diesem Reich blühten Ackerbau, Viehzucht und Handwerk; seine Kaufleute schalteten sich in den Warenverkehr von Byzanz, der arabisch-persischen Welt und des Fernen Ostens ein. Die Chagane verboten die Tätigkeit der christlichen und der islamischen Glaubensbekehrer nicht. Die beiden großen Religionen unterhielten im Chasarenreich Kirchen und Schulen. Die Chagane selbst und ihre Umgebung schlossen sich jedoch aus politischen Überlegungen einer dritten verbreiteten monotheistischen Religion – der jüdischen – an, um dem Druck von seiten des Byzantinischen Reiches bzw. des arabischen Emirates auszuweichen.

Das Volk des chasarischen Reiches führte eine entwickeltere Lebensweise als die sich hauptsächlich mit Viehzucht befassenden nomadischen Stämme. Ackerbau und Handwerk erreichten im Niveau das zeitgenössische Europa, der Handel übertraf es sogar. Die Staatsorganisation war locker, die Ausdehnung des Staates wurde nicht von Grenzen bestimmt, sondern von der sich verändernden Zahl seiner Untertanen. Zu diesen zählte auch der ungarische Stämmebund. Der Charakter dieser Organisation wurde zweifellos dadurch bestimmt, daß er schon vor dem Zustandekommen des Chasarenreiches jahrhundertelang unter türkischen Stämmen gelebt hatte. Die Namen der sieben ungarischen Stämme wurden in der Überlieferung bewahrt. Nur der kleinere Teil dieser Namen läßt sich aus der ungarischen Sprache erklären, von den anderen kennen wir die türkische Entsprechung. Ebenfalls aus dem Türkischen stammen die Bezeichnungen der Würdenträger, die auf die Stammesorganisation schließen lassen. Auf jeden Fall ist der Stammesname „Megyer", der die Bezeichnung für das Volk der Magyaren wurde, finnisch-ugrischen Ursprungs, dessen entsprechende Variante auch bei den verwandten Obugriern anzutreffen ist. Der ungarische Stämmebund wurde von den moslemischen Reisenden als besondere Einheit erwähnt, was von seiner Kraft und Bedeutung zeugt. Ein Beweis für die Stärke der Ungarn ist ferner, daß sich ihnen, als sie sich von den Chasaren trennten, auch andere, türkische und kaukasische, Sippen anschlossen.

Nach diesem wichtigen Ereignis nahm das Ungartum bereits als selbständiges Element an den historischen Wenden Ostmitteleuropas teil, und sein weiterer Weg läßt sich schon gut rekonstruieren, und das nicht nur anhand von Grabfunden oder erklärungsbedürftigen Berichten von Chronisten. Die Chasaren bauten nämlich zum Schutz gegen die abgefallenen Ungarn die Burg Sarkel am Unterlauf des Don. Irgendwo in dieser Gegend, nördlich vom Schwarzen Meer und westlich des Don, befand sich damals Lewedien, wo sich die Ungarn niedergelassen hatten. Von seiner Existenz sprechen auch – sich möglicherweise auf Erzählungen der Ungarn stützend – byzantinische Quellen. Westlich von Lewedien, zwischen der Donmündung und dem Unterlauf der Donau, erstreckte sich die nächste Heimat der Ungarn: Etelköz (Zwischenstromland).

Näher zu den Karpaten: Lewedien, Etelköz

Obwohl wir seine Grenzen (die es wahrscheinlich gar nicht gegeben hat) nicht genau festlegen können, wissen wir doch so viel, daß seine Nachbarn im Osten das noch als Großmacht zählende Chasarenreich, im Westen und Süden Byzanz und dessen Vasallen waren. Im Norden – wo die Steppe von waldigem Gebiet abgelöst wurde – wohnten slawische Stämme, die sich zu jener Zeit zu einem Staat organisierten. Vielleicht als Schutz, vielleicht, um die slawischen Sklaven dann zu einem guten Preis auf den byzantinischen Sklavenmärkten verkaufen zu können (den Quellen zufolge bekam man für einen russischen Sklaven sogar zwei Ballen Brokat), brandschatzten die Chasaren und die Ungarn gern die slawischen Ansiedler.

Über die Verhältnisse im 9. Jahrhundert steht in der arabischen Reisebeschreibung des Ibn Rusta folgendes: „Sie [die Ungarn] bestürmen die Slawen und gehen so lange das Ufer entlang, bis sie an einen Hafen des Landes der Byzantiner gelangen, dessen Name Kertsch ist... Sind die Ungarn dort angekommen, halten sie mit den ihnen entgegenkommenden Byzantinern einen Markt ab. Sie verkaufen ihnen ihre Sklaven und kaufen byzantinischen Brokat, Wollteppiche und andere Waren." Nicht viel später war einer der ersten großen Erfolge der Kiewer Rus der Sturz des Chasarenreiches.

Die *Nestor-Chronik* (Chronik alter Zeiten), die die Auffassung des 11. Jahrhunderts widerspiegelt, erinnert sich nicht mehr an diese Ereignisse: Sie berichtet über die steuereinziehenden Chasaren und die Gewalttaten der Awaren; von den Ungarn jedoch erwähnt sie nur, daß sie auf dem Weg zu den Karpaten an Kiew vorbeizogen.

Anscheinend hatte sich bereits im 9. Jahrhundert die Nachricht von den sanfteren Sitten der Ungarn verbreitet. Zwei berühmte Apostel aus Byzanz, Kyrill und Method, trafen auf ihren langen Reisen auch mit ungarischen Heeren zusammen, Kyrill um 860, sein Bruder Method um 882. Beim Anblick Kyrills wurde die „auf Wolfsart heulende" ungarische Heerschar sanft, begann sich vor ihm zu verbeugen und lauschte seinen Worten. Das mußte sich irgendwo in der Gegend der Halbinsel Krim abgespielt haben. Method wurde in der Gegend der unteren Donau von „einem ungarischen König" nicht nur angehört, sondern auch um seinen Segen gebeten und reich beschenkt. Von all dem berichten fast gleich alte Legenden.

Wenn sich also die Lebensweise der ungarischen Stämme bereits in der südrussischen Ebene vollkommen den südosteuropäischen Sitten angepaßt hatte, nimmt es nicht wunder, wenn wir das gleiche auch im Geistesleben feststellen können. Die ungarischen Funde weisen überall schöne künstlerisch gestaltete Gegenstände auf, und auch die Gebrauchsgegenstände für den Alltag haben ein ansprechendes Äußeres. Die arabischen Reisebeschreibungen berichten auch von den hübschen Kleidern und schmucken Gegenständen der Ungarn. Ihre schönsten Kunsterzeugnisse waren Meisterwerke der Goldschmiedekunst. Aus herrlichen Stücken besteht z. B. die ihrer Herkunft nach umstrittene, von vielen Wissenschaftlern aber für einen ungarischen Fürstenschatz gehaltene Tischgarnitur, die nach ihrem Fundort „Schatz von Nagyszentmiklós" genannt wird und sich heute im Kunsthistorischen Museum in Wien befindet, wo sie zum Wertvollsten zählt.

Wer diese Gefäße bestellte, sparte nicht mit Material – und die sie anfertigten, waren Meister der künstlerischen Formgebung. Sie konnten die graziösen Gefäßformen, die Schönheit

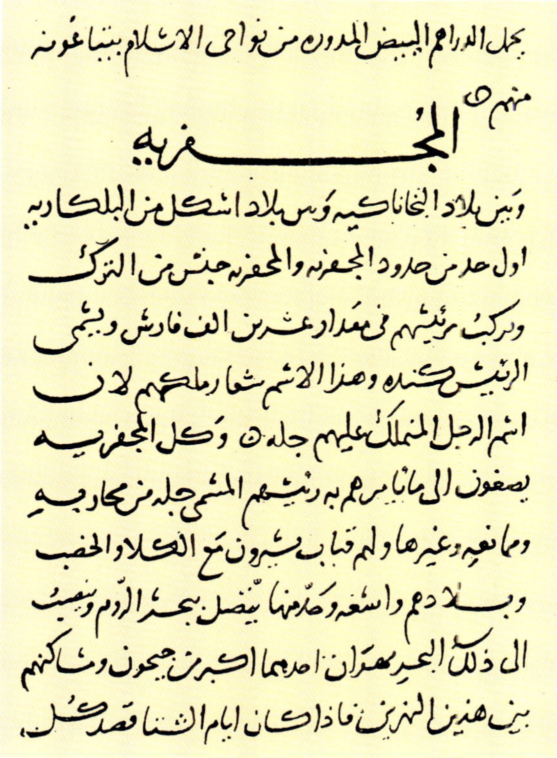
بحمل الدراهم البيض المدورة من نواحي الاسلام بتباعونه
منهم ٥
المجغرية
وبين بلاد البجناكية وبين بلاد اسكل من البلكارية
اول حد من حدود المجغرية والمجغرية جنس من الترك
ورئيسهم يركب في مقدار عشرين الف فارس ويسمى
الرئيس كنده وهذا الاسم سمة لملكهم لان
اسم الرجل الذي يملك عليهم جله ٥ وكل المجغرية
يصدرون الى ما يأمرهم به رئيسهم المسمى جله من محاربة
ومناهضة وغيرها ولهم قباب يتبعون مع الكلأ والخصب
وبلادهم واسعة وحدها يتصل ببحر الروم وينصب
الى ذلك البحر نهران احدهما اكبر من جيحون ومساكنهم
بين هذين النهرين فاذا كان ايام الشتاء فقد كل

Ein Blatt aus der Reisebeschreibung des Ibn Rusta.

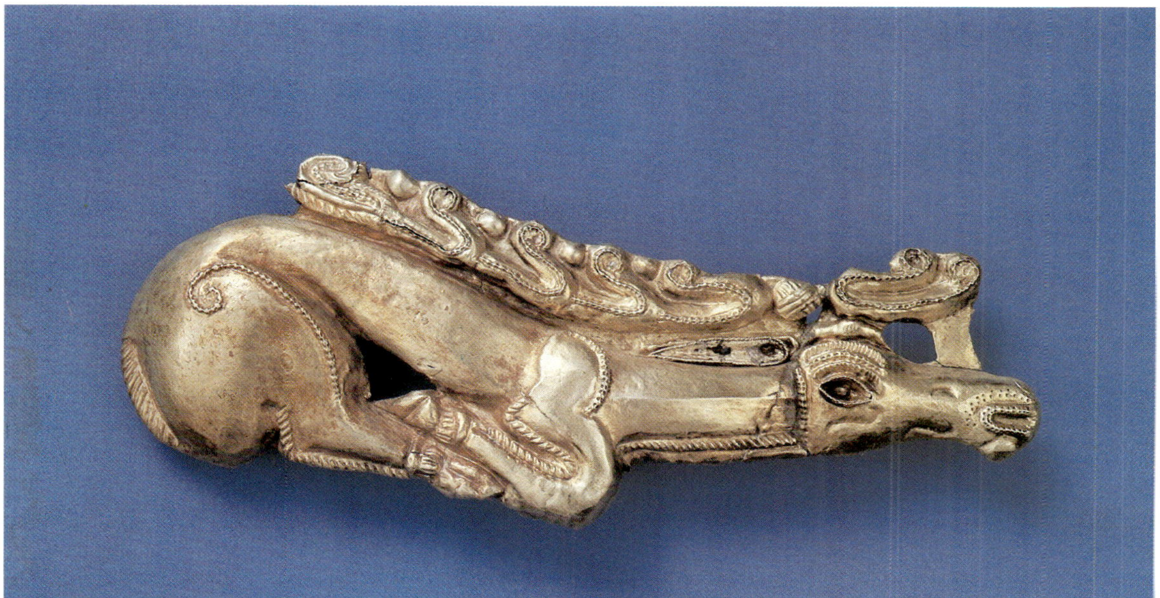

Zwei typisch skythische Meisterwerke der Goldschmiedekunst: stilisierte goldene Hirsche.

der ausgebauchten Figuren mit der Wirkung der mattglänzenden, glatten Goldoberfläche vereinen.

Künstlerische Goldschmiedearbeiten treffen wir aber nicht nur in den hochwertigen Goldschätzen an. In ungarischen Gräbern wurden zahlreiche schöne Taschendeckplatten gefunden, und auf ein Vielfaches muß die Zahl jener Stücke geschätzt werden, die nicht in die Erde mitbegraben wurden und deshalb nicht erhalten geblieben sind. Die Tasche diente den Reitern zur Aufbewahrung wichtiger kleiner Gegenstände – Feuerzeug usw. – und wurde von alters her mit einer prächtig beschlagenen Deckplatte verziert. Irgendwo, vielleicht im Etelköz, entwickelte sich später aus diesem Brauch jene mit Reliefdarstellungen verzierte, oft vergoldete Silberplatte, die den Funden nach auch zu den Slawen und Tscheremissen gelangte.

Wie war die äußere Erscheinung der Ungarn? In den Handschriften der Nachfolger Dschajchanis ist folgendes zu lesen: „Die Ungarn sind gewinnende Menschen von guter Erscheinung, hochgewachsen, wohlhabend, auffallend reich, was sie ihrem Handel zu verdanken haben. Sie tragen Gewänder aus Brokat. Ihre Waffen sind mit Silber beschlagen und mit

Stücke aus dem Goldschatz von Nagyszentmiklós.

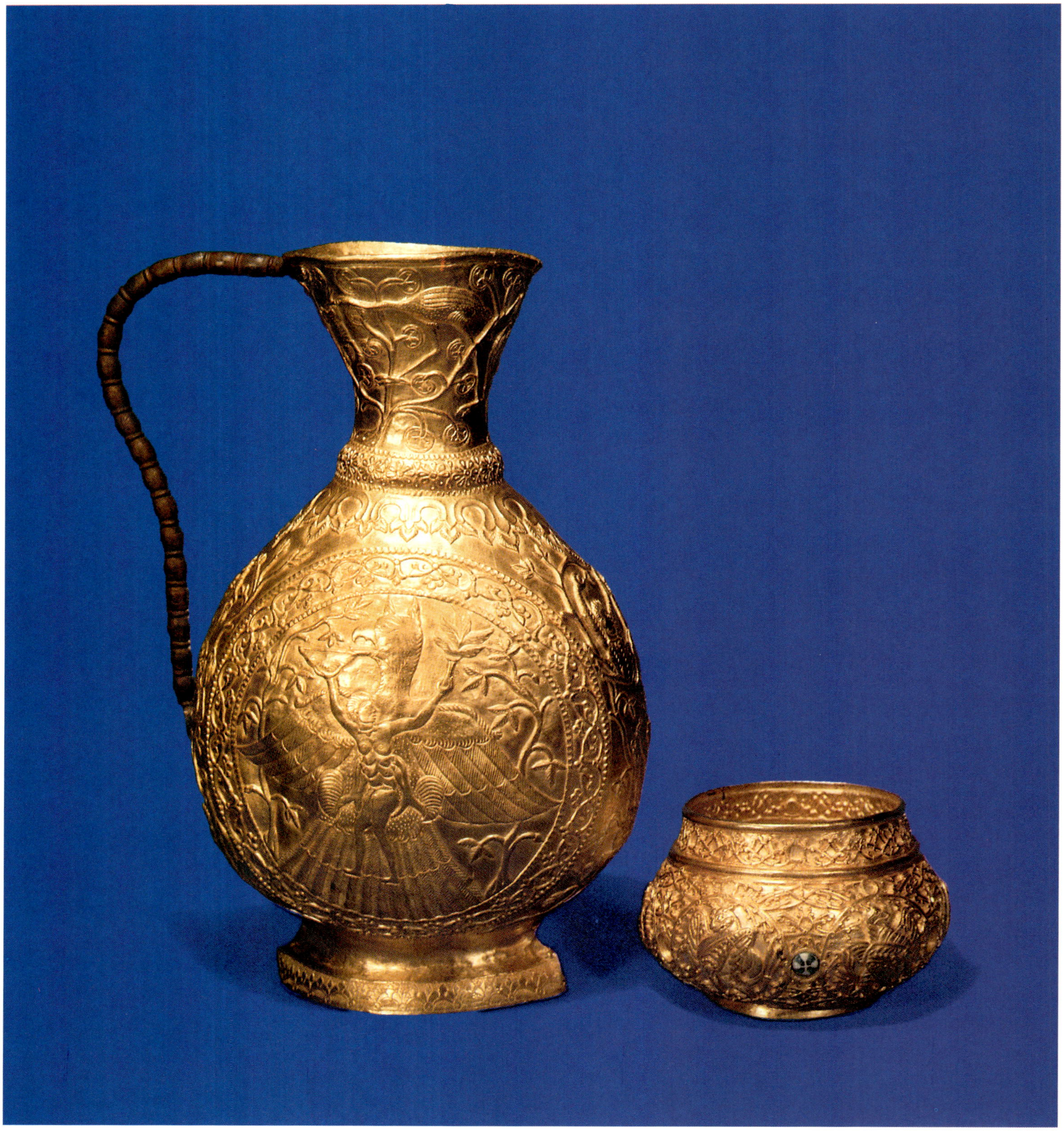

Typisch ungarische Kunstgegenstände sind die Taschendeckplatten: Ihre stilisierte Rankenverzierung hatte magische Bedeutung. Auf der letzten (oben) erscheint auch schon das neue Symbol, das Kreuz.

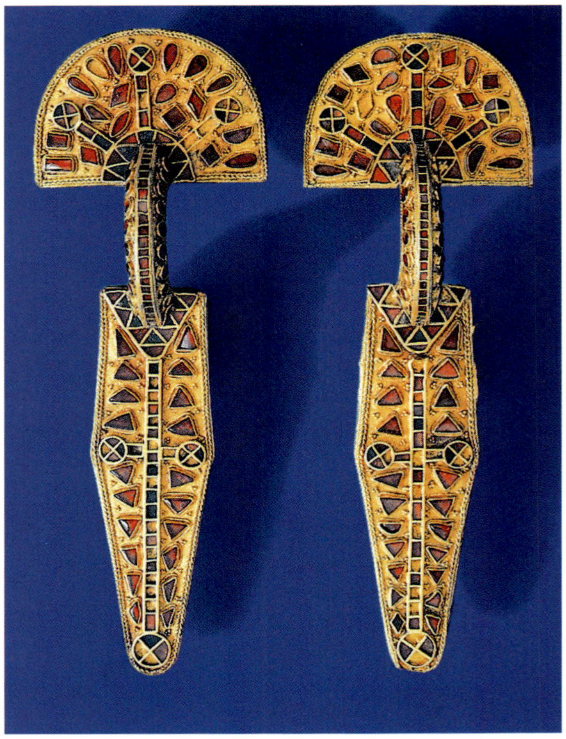

Goldschmuck aus der Zeit der Völkerwanderung: Fibeln, Armbänder, Halsschmuck mit Edelsteinen.

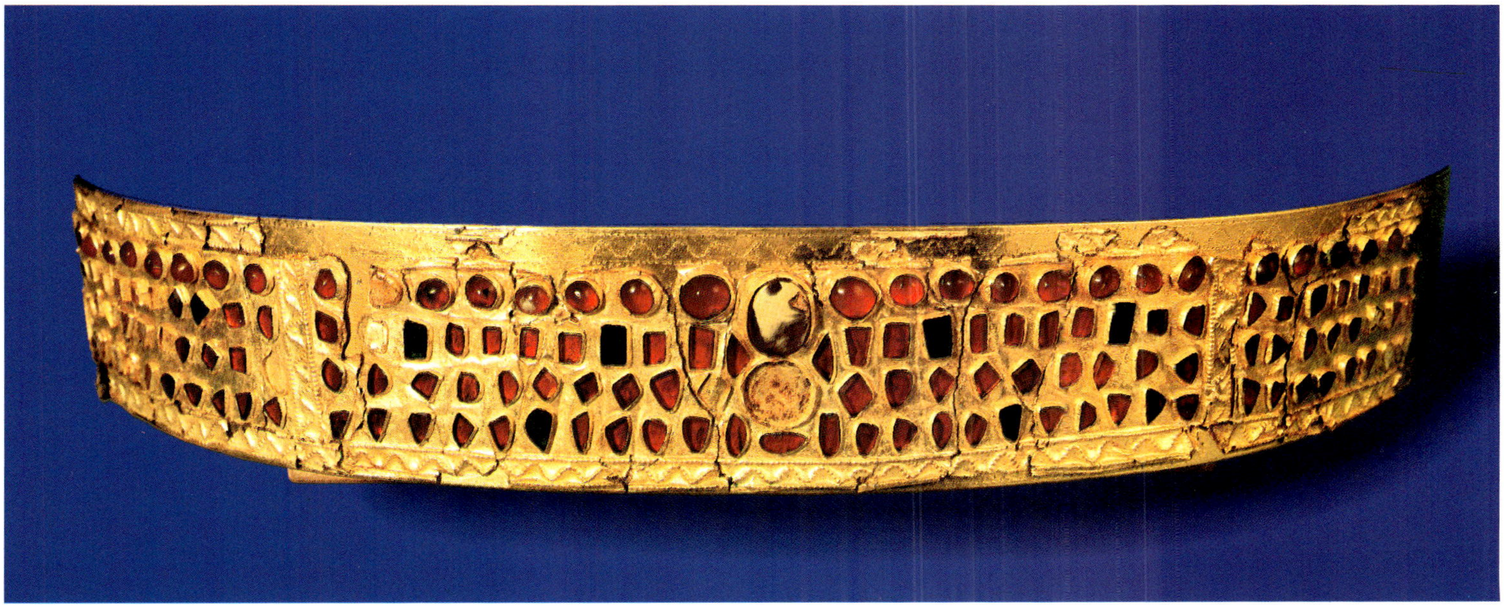

Awarische Gürtelbeschläge und Schnalle. Wahrscheinlich traf ein Teil der Awaren noch mit den landnehmenden Ungarn zusammen. Nach Meinung einiger Forscher waren sie auch miteinander verwandt.

△
Gotische Gürtelschließe aus dem 5. und ungarische Gürtelschließe aus dem 13. Jahrhundert: Beide Völker waren Erben der Steppenkultur. ▽

Perlen ausgelegt." Zahlreiche Grabfunde aus dem 9. und 10. Jahrhundert erleichtern die Bestätigung dieser schmeichelhaften Behauptungen. In den vergangenen Jahrzehnten wurde bei den Ausgrabungen die Anordnung der Grabbeigaben mit erhöhter Aufmerksamkeit verfolgt. Haarschmuck, Gürtelbeschläge und Schnallen, auf prunkvolle Kleider aufgenähte Metallknöpfe, Hals-, Arm- und Fingerschmuck aus Edelmetall waren überall gebräuchlich.

Bei einem Reitervolk gilt das verzierte Pferdegeschirr als ein Zeichen des Wohlstandes, fast noch mehr als der Schmuck. Entsprechend dem ungarischen Bestattungsbrauch wurden zusammen mit dem Krieger das Fell seines Pferdes einschließlich des Kopfes und der Hufe sowie in vielen Fällen auch das Pferdegeschirr mit ins Grab gelegt.

Später erlangte der ungarische Sattel in ganz Europa Berühmtheit, weil er leicht und bequem war und auch den Rücken des Pferdes schonte.

Ähnlich prunkvoll ausgestattet war der „Augapfel des Kämpfers“ – seine Waffen. Zu den schönsten Stücken der ungarischen Waffenkunst gehört das hervorragend gearbeitete sogenannte Attila-Schwert, ein orientalischer Krummsäbel.

Der Stil der Alltagsgegenstände und der Meisterwerke der Schmiedekunst ist originär (auf die Symbolik der Figuren kommen wir noch zurück), ihr technisches und ästhetisches Niveau gleicht in etwa dem künstlerisch hohen Niveau der damaligen germanischen Völker (Deutsche, Skandinavier). Auf Beschlägen, Scheiben, Gefäßen usw. und besonders auf den prächtigen Krügen des Schatzes von Nagyszentmiklós sehen wir Szenen, deren Motive und Ausführung mit den Darstellungen der skythischen und mittelasiatischen Kunstgegenstände verwandt sind. Über ihre Beziehung zu den Ungarn genügt vielleicht zu sagen, daß jede der dargestellten symbolischen Szenen mit einzelnen Motiven der auch heute bekannten ungarischen Volksmärchen übereinstimmt. Allbekannt ist z. B. das Märchen, dessen Held von einem gewaltigen Adler ergriffen und fortgetragen wird – doch von Zeit zu Zeit wendet der Adler seinen Kopf nach hinten, und dann muß er Nahrung bekommen. Das Pendant zu dieser Szene taucht auf zwei Krügen auf. Ein genauso verbreitetes Motiv ist das des Kampfes der Zauberrosse, das ebenfalls auf Stücken des Schatzes dargestellt ist. Wenn auch die Herkunft des Schatzes nicht endgültig geklärt ist, so verbindet ihn seine Symbolik doch mit dem ungarischen Schamanentum.

Der ungarische Zauberer-Schamane ist ein von Geburt an Wunderzeichen tragender Mensch, der auch sein Aussehen verändern kann und so die Verbindung zwischen den Menschen und der Geisterwelt sichert. Die Magyaren waren Anhänger der auch mit dem Christentum verwandten dualistischen Variante des Schamanenglaubens, und die entfernte Verwandtschaft macht verständlich, daß sie sich leicht mit den monotheistischen Religionen (Islam, Christentum, Judentum) anfreundeten, die sie im Chasarenreich kennenlernten, ferner, daß sie noch im Etelköz die christlichen Glaubensbekehrer Kyrill und Method freundlich empfingen.

Im ungarischen Schamanentum war für das Schlechte in der Welt – für den Winter und die Dunkelheit, für das Böse im allgemeinen – der schwarze Schamane verantwortlich, mit dem aber der Herr des Sommers, des Lichtes und der guten Dinge – der weiße Schamane – einen ständigen Kampf führt. Den Kampf entscheidet zur Zeit der winterlichen Sonnenwende der Helfer des weißen Schamanen für diesen, denn er schlägt mit seiner Streitaxt auf den Knöchel des schwarzen Schamanen und verletzt seine Achillessehne, wodurch dieser kampfunfähig wird. Doch mit der Zeit heilt die Wunde, und die Tage werden wieder kürzer... Der Kampf der beiden Zauberer erfolgt in den ungarischen Volksmärchen oft so, daß der eine ebenso wie der andere immer neue Gestalt annimmt, so die einer Schlange, eines Frosches, eines Adlers.

Das Schwert König Stephans I., heute in Prag.

Stücke eines Fundes von dem Fürstenschmuck aus der Umgebung von Szeged in Südungarn. 5. Jh.

Weiblicher Haarschmuck. 10. Jh.

Die Gestalt des heiligen Georg im Kampf mit dem Drachen steht diesen Vorstellungen sehr nahe, deshalb ist der drachentötende Heilige der ungarischen Vorstellungswelt vertraut. Ein Beweis dafür ist das einzigartig schöne gotische Reiterstandbild aus Bronze der Brüder Martin und Georg von Klausenburg, das heute die Prager Burg ziert.

Dieses Glaubenssystem durchdrang die ganze Gedankenwelt des Volkes, seine Elemente dienten bei der Ordnung der Motive der kollektiven Erinnerung als Muster. Ihre Heimat im Etelköz mußten die ungarischen Stämme infolge der Angriffe der Petschenegen verlassen, und so zogen sie in ihre neue, endgültige Heimat. In der kollektiven Erinnerung blieb – den mittelalterlichen ungarischen Chroniken zufolge – der Petschenegensturm als „Angriff der Adler“ erhalten, die so zahlreich über die Pferde und die Rinder der Ungarn herfielen, daß sie sie ganz auffraßen und somit das Volk zwangen, sich eine neue Heimat zu suchen.

Löwenfibeln aus dem Schatz von Szilágysomlyó. 5. Jh.

◁ Goldene Onyxfibel. Szilágysomlyó. 5. Jh.

Urheimaten der landnehmenden Magyaren.

Die Landnahme

Die im Etelköz lebenden Ungarn zogen in der zweiten Hälfte des 9. Jahrhunderts oft durch das Karpatenbecken. Sie wurden stets gerufen, um als Verbündete des einen Herrschers gegen einen anderen zu kämpfen. So hatten sie Gelegenheit, das dünn besiedelte, zwischen Reiche eingekeilte Gebiet kennenzulernen, das seine großen Nachbarn (Byzanz, das Frankenreich) und die kleineren (z. B. das Bulgarenreich, Mähren) als ihre Grenzen mehr oder weniger schützendes Niemandsland betrachteten. Von den Awaren waren nach der Vernichtung ihres Reiches durch den Frankenkönig Karl den Großen (791–796) nur wenige im Land geblieben. Sonst lebten hier nur noch einige von den Awaren eingeschleppte Slawen, im Südosten bulgarische Slawen, im Nordwesten Mährer. In dem unter fränkischer Oberherrschaft organisierten Pannonien – im wesentlichen auf dem Gebiet zwischen Donau und Ostmark – lagerten noch kleine bayerisch-fränkische Garnisonen. Spärliche Quellen beweisen diese dünne Besiedlung, ferner aber zeigen die Namen der Orte und besonders der Flüsse, daß die Bewohner des Landes nach der Landnahme der Ungarn (895–897) mit den Ankömmlingen zusammenlebten und sie diese Namen lehrten.

Der Angriff, der die Inbesitznahme des Karpatenbeckens zur Folge hatte, war kein zufälliges und isoliertes Kriegsereignis, sondern eine Episode im Kampf zweier ausgedehnter Bündnissysteme. Das eine bildete Byzanz mit seinen wechselnden Verbündeten; ihm gegenüber stand das damals bereits christliche Reich der Donaubulgaren im Bündnis mit der fränkisch-bayerischen Macht und im Osten mit den Petschenegen. Um 894 errangen die ungarischen Heere als Verbündete von Byzanz zuerst einen Sieg über die bulgarischen Armeen. Dann fielen sie – vielleicht noch im gleichen Jahr (die schriftlichen Aufzeichnungen sind nicht eindeutig) – als Verbündete des mährischen Fürsten Swatopluk und auf seinen Ruf hin in das bayerische Interessengebiet Pannonien ein. Dies waren schlechte Jahrhunderte für Europa: Aufgestörte Völker zogen durch die Provinzen und vernichteten einander und sich selbst.

Routger schrieb Mitte des 10. Jahrhunderts: „Hier das Festland und Meere beherrschende wilde Volk der Dänen, dort drohte von hundert Seiten das zähneknirschende Toben der barbarischen Slawen, nicht weniger die Grausamkeit der Ungarn, die mährischen Grenzen überschreitend, die sie nicht viel früher für ihr Reich enteignet hatten…“ Auch die Ungarn wurden also beschimpft, die sozusagen die „letzte Welle“ der bis nach Westen gelangenden Eroberer bildeten. Die Erinnerung an sie wurde nicht durch später nachfolgende Reiterheere getrübt, und so blieb sie erhalten – was auch eine gewisse Ungerechtigkeit darstellt, wenn man bedenkt, daß ihre Nachfolger, die Petschenegen, dann die Usoren, die Kumanen und schließlich die Tataren, gerade von diesen ungarischen Eroberern davon abgehalten wurden, weiter nach Westen vorzudringen.

Die Chronisten gelangten im allgemeinen durch mehrfache Vermittlung in den Besitz ihrer Kenntnisse, und so sind dann ihre Beschreibungen recht schematisch. Um so interessanter ist jene Episode aus dem Feldzug der ungarischen Krieger im Jahre 926, die die Aufzeichnungen im Kloster zu Sankt Gallen bewahrt haben.

Die Hauptfigur dieser Episode ist ein gewisser Klosterbruder Heribald, der nicht gewillt war, zusammen mit den anderen Mönchen vor den herannahenden Ungarn zu fliehen, und so beschreibt er die ungarischen Krieger als Augenzeuge. Sie suchten in den Gebäuden des Klosters nach Schätzen und Getränken, und luden dann auch Heribald zu ihrem Gelage ein. Sie kletterten auf den Kirchturm, rangen miteinander in der Art wüster junger Krieger. Auf ein Zeichen hin stellten sie sich jedoch schnell in Reih und Glied auf und zogen ab.

Die Szene ist kein bißchen erbaulich. Wie sollte es in einem Krieg aber auch anders sein? Zwar hätte sich diese Szene auch im vergangenen Jahrhundert in irgendeinem europäischen Krieg abspielen können, doch unterscheidet sie sich völlig von den Ereignissen der Mongolen-

Mihály Munkácsy: Landnahme (Skizze). Der international bekannte ungarische Maler vom Ende des 19. Jahrhunderts trug dem Geist der Milleniumsfeiern Rechnung. Auf seinem Bild nimmt Fürst Árpád die Gaben der besiegten Slawen entgegen. Das Gemälde schmückt heute einen Saal im Parlamentsgebäude in Budapest.

Gobelin von Gyula Rudnay mit der Darstellung des Vertrags von Pusztaszer, vor der Landnahme: Fürst Árpád mit edlen Kriegern.

angriffe des 13. Jahrhunderts. Die ungarischen Krieger des Jahres 926 waren schon im Karpatenbecken geboren. Für sie war Europa zwar nicht das Land der Ahnen, wohl aber ihre Heimat. Sie bürdeten den Bewohnern der Gegend so viele Lasten auf, wie es in Kriegszeiten üblich ist. Die Mongolenheere dagegen vernichteten auf ihrem Weg von Mittelasien nach Mitteleuropa systematisch die Siedlungen und rotteten ihre Bewohner aus, viele Gegenden entvölkerten sie für Jahrhunderte, ja sogar bis in unsere Tage.

Die europäischen Heere, so auch die ungarischen, brauchten die Städte, um sie tributpflichtig zu machen, und die Gefangenen, um sie auslösen zu lassen. Viele Berichte erwähnen, daß die Ungarn Männer und Frauen mitschleppten. Manche wurden von Verwandten ausgelöst, die meisten aber wurden von ihren neuen Herren auf deren Boden angesiedelt und zu Ackerbau oder Handwerk herangezogen. Ihre Angehörigen hörten nichts mehr von ihnen und nahmen das Schlimmste an.

Der Passauer Bischof Piligrim, dessen Priester als Missionare nach Ungarn kamen, schrieb darüber 974 in einem Brief an Papst Benedikt VII.: Seine Kanoniker und Priester hätten „unter den edleren Ungarn Männer und Frauen, insgesamt fünftausend, für Christus gewonnen... Für die Christen, die den größeren Teil der Bevölkerung ausmachen und die aus allen Teilen der Welt als Gefangene hierhergebracht worden waren, war es nicht möglich, ihre Kinder dem Herrn zu weihen, es sei denn, sie taten es im geheimen, jetzt aber tragen sie ohne jegliche Furcht miteinander wetteifernd ihre Kinder zur Taufe... Denn die Barbaren verbieten aus Gottes Gnaden niemandem ihrer Untertanen die Taufe, obwohl ein Teil von ihnen noch vom Heidentum gefangengehalten wird..." Hieraus geht klar hervor, daß die Ungarn mit ihren Gefangenen nicht streng umgingen. Diese lebten in Familien, zogen Kinder groß und verfügten sogar über eine gewisse Freiheit, vielleicht über nicht weniger als in ihrer Heimat, wenn man die strengen Gesetze des zeitgenössischen Europas in Betracht zieht.

Den bayerischen Bischof überraschte es, daß die Ungarn in Glaubensfragen sich bei weitem nicht so verhielten, wie man es aufgrund der Literatur über die wilden Völker annahm. „Sie verbieten auch den Priestern nicht, überall hinzugehen. Im Gegenteil, die Heiden leben mit den Christen in einer solchen Freundschaft, daß sich die Wahrsagung Esaias zu erfüllen scheint: Wolf und Lamm weiden zusammen, und der Löwe frißt Heu wie der Ochse."

Fügen wir hinzu, daß Piligrim für die Bekehrung der Ungarn vom Papst eine reiche Belohnung für seine Kirchengemeinde erhoffte, er hatte also keinen Grund, die Schwierigkeiten zu verkleinern. Die zu früherer Zeit die Germanen und die Slawen bekehrenden irischen Mönche und andere Priester hatten oft große Gefahren auf sich genommen und nicht selten auch die Krone des Märtyrertums erworben...

Die Ungarn paßten also nicht in das kirchli-

Gyula Benczúr: Der heidnische Prinz Vajk empfängt die Taufe. Dabei erhielt der Sohn des Fürsten Géza den Namen Stephan. Manchen Überlieferungen zufolge hielt er als Jüngling sein Haupt über das Taufbecken.

che, glaubenseifrige Bild, das die frommen Glaubensbekehrer vom Kampf der christlichen Völker Europas gegen die Barbaren des Antichrists entworfen hatten. Natürlich auch deshalb nicht, weil sie ihre Feldzüge größtenteils als Verbündete christlicher Fürsten, besser gesagt, auf deren Aufforderung und Ansporn hin begannen. Diese Fürsten schämten sich dann nicht, mit den Ungarn auf heidnische Weise – über dem entzweigeschnittenen Kadaver eines Köters und seinem herausfließenden Blut – den Eid zwecks Einhaltung des Abkommens abzulegen. Jene aber, gegen die das Bündnis geschlossen wurde, sprachen dann mit heiligem Entsetzen darüber.

Wie erwähnt, verbündeten sich mit den Ungarn der byzantinische Kaiser, der mährische Fürst und dann Berengar, Herrscher über Italien. Das gleiche taten später (nach 913) Arnulf, Herzog von Bayern, sowie König Hugo von Italien (nach 925), ja zu dieser Zeit sogar Papst Johannes X. und sein jüngerer Bruder, der Marquis Peter. Der deutsche König Heinrich I. der Vogler erkaufte sich fast ein Jahrzehnt lang durch jährliche Tributzahlungen den Frieden von den Ungarn. Oft garantierten diese Verbündeten den ungestörten Durchzug der ungarischen Heere zum Feind und dann auch den Weg der freien Heimkehr. Ansonsten hätten sich die Ungarn wohl kaum Tausende Kilometer von ihrem Wohnort zu entfernen gewagt. Und wirklich: Als König Otto I. den Hauptverbündeten der Ungarn, Arnulfs Sohn Eberhard, vertrieb und an dessen Stelle einen seiner Getreuen, Berthold (Eberhards Onkel), an die Spitze des bayerischen Herzogtums setzte, hörten die ungarischen Feldzüge auf deutschem Boden für einige Zeit auf.

Bestehen blieb jedoch das Bündnis der Ungarn mit König Hugo, der 942 den Durchzug der ungarischen Heere gegen seine italischen Gegner und das an die Provence grenzende Kalifat von Cordoba unterstützte. Über die Kriegsoperationen südlich der Pyrenäen berichtete auch der arabische Autor Ibn Hajjan. Er schrieb unter anderem, daß fünf der „Turken" genannten ungarischen Krieger gefangengenommen, am Hof des Kalifen zum Islam bekehrt und in die Leibgarde des Kalifen eingereiht wurden.

Die Zeit der Feldzüge nach dem Westen ging allmählich zu Ende. Inzwischen erfolgten in der Heimat große Veränderungen. Die ansässigen Slawen und die Diener aus fremden Ländern trugen zur Veränderung im Ackerbau durch ihre eigenen Erfahrungen bei. Die Bedeutung der halbnomadischen Viehzucht ging weiter zurück, dagegen stieg die Bedeutung des Ackerbaus, und damit verbreitete sich die Zucht weniger beweglichen Viehs, so der Schweine. Die Wohnzelte wurden allmählich von Häusern mit lehmverschmierten Wänden abgelöst.

Die schwere Niederlage der Ungarn auf dem Lechfeld bei Augsburg im Jahr 955 bedeutete das Ende der Zeit der Kriegsaktionen im Westen; von da an beschleunigte sich das Tempo der friedlichen Entwicklung.

Der Weg zum christlichen Königtum

Jenes ungarische Heer, das bei Augsburg geschlagen wurde, war neueren Forschungen zufolge nur ein Teil des gesamten ungarischen Heeres. Nur der Führer des nordwestlichen Gebietes nahm an den Feldzügen teil. Das stärkste Heer, das des Fürstenstammes, beteiligte sich nicht: Árpáds Nachkommen enthielten sich solcher Streifzüge, unter anderem auch deshalb, damit das Land nicht, wie einst Etelköz, ungeschützt blieb. Sicher war es dieses intakte Heer, das König Otto I. davon zurückhielt, unter Ausnutzung seines Sieges ungarischen Boden zu betreten, wie es seinerzeit Karl der Große mit dem Land der Awaren gemacht hatte.

Der Fürstenstamm war schon seit Anfang des 10. Jahrhunderts, seit Árpád als Großfürst allein herrschte, bestrebt, sich durch ein starkes Heer ein unbestrittenes Ansehen im Land zu verschaffen. Diesen Plan riskierte er nicht, auch wenn die Beute noch so reich zu werden versprach.

Die Niederlage bei Augsburg bestätigte die vorsichtige Politik und erhöhte infolge der Verluste auch das relative Gewicht des Heeres des Fürstenstammes. Árpáds Nachfahren betrieben bereits seit den vierziger Jahren eine Politik des Übereinkommens mit den Nachbarn sowie der Anpassung an die neue Umgebung. Sie waren bestrebt, diplomatische Beziehungen zu Byzanz, zum sächsischen und zum bayerischen Herrscherhaus sowie zu den italienischen Fürsten auszubauen.

Zu dieser Politik gehörte auch, daß sie nicht gegen die Bekehrung zum Christentum waren. Ja sie verlangten von Byzanz und Rom sogar Priester und Bischöfe als Missionare. Otto I. versuchte diese Beziehungen zu verhindern, denn er wollte die Bekehrung Ungarns selbst vornehmen, um so seinen Einfluß zu festigen. Trotzdem verbreitete sich in Südungarn (und vielleicht auch andernorts) das byzantinische, orientalische Christentum, zugleich blieb aber auch die traditionelle Beziehung zu Rom erhalten: Der erste ungarische König, Stephan I., erbat von Rom die Krone und nicht von Byzanz.

Bis zum Ende der vierziger, fünfziger Jahre erhielten die Missionare für ihre Arbeit von den ungarischen Fürsten zwar die Erlaubnis, jedoch keine Hilfe. Nach Augsburg veränderte sich die Lage. Es gab Anzeichen dafür, daß sich Byzanz und Otto I. gegen die Nichtchristen, die Ungarn, zu verbünden beabsichtigten, und so wurde die Anpassung dringend, dazu gehörte auch die Annahme des Christentums.

Die entscheidende Veränderung scheint sich daran zu knüpfen, daß nach dem Tod des Fürsten Taksony (972) Géza (Geisa) ihm an der Spitze des Arpadengeschlechts nachfolgte. Géza zögerte nicht lange: Bereits 972 ließ er Otto durch einen Gesandten wissen, daß er sein

Volk auf den Weg des Christentums führen wolle und dazu seine Hilfe erbitte. Auch Otto traf sofort Maßnahmen. Er schrieb einen Brief an Piligrim: „Otto, von Gottes Gnaden erhabener Kaiser, an Piligrim, den ehrwürdigen Bischof der Passauer Kirche Unseren Gruß und Unsere Gnade. Wir schicken Bischof Bruno zu Euch und empfehlen ihn Eurer Beliebtheit, damit Ihr ihm weitgehendst helft, was auch immer er benötigt, und führt ihn ehrenhaft und mit größter Umsicht mit Euren Leuten sowie mit Pferden und anderen notwendigen Reiseutensilien versehen zu den Grenzen der Ungarn, so nahe wie nur möglich. Ihn delegieren Wir deshalb dorthin, damit er ihren König sobald wie möglich mit Unserer Macht in Verbindung bringt. Ihr mögt sehr große Sorgfalt darauf legen, daß diese Gesandtschaft ganz sicher zustande kommt, denn wenn Unsere beschlossene Absicht Erfolg erzielt, so wird Euch, Euch allen äußerst großer Nutzen daraus entstehen. Gott mit Euch!" In der Tat wurde besagter Bruno aus Sankt Gallen der Leiter der ersten organisierten römisch-katholischen Mission, und seine Bekehrungstätigkeit hat in der katholischen Kirche Ungarns bleibende Spuren hinterlassen.

Hinrichtung Koppánys: Eine meisterhaft gestaltete Illustration der Bilderchronik zeigt die Vierteilung des gegen Stephan revoltierenden Stammesführers.

Während früher wohl die östliche, orthodoxe Mission das Übergewicht gehabt hatte, bekam jetzt die abendländische Mission die größere Bedeutung. Warum? In den russischen Jahrbüchern findet man, offensichtlich aufgrund mittelalterlicher byzantinischer Quellen, folgende Erklärung (auf jeden Fall falsch unter der Jahreszahl 1015): „Die Ungarn [eigentl. Ugrier] Genannten haben gesehen, daß die in der Rus lebenden Völker [die Russen] das Christentum angenommen haben, und zwei ungarischsprachige Knjas [Fürsten] gingen auf eine göttliche Eingebung nach Byzanz und nahmen den christlichen Glauben mit jenen zusammen an, die unter ihnen standen. Die griechischen Priester hatten keine Zeit, in ihr Land zu gehen, da die Barbaren gerade Byzanz angriffen. Also konnten sie sie nicht lehren, und sie gaben ihnen die Bibel nicht, da es keine in ihrer Sprache geschriebenen Bücher gab. Plötzlich ist einer ihrer Fürsten, genannt Stephan, im Herrn entschlafen, und er hatte viel Gutes getan. Als die Latiner die Hilflosigkeit der Griechen sahen, gingen sie geschickt aus Rom zu den erwähnten Ungarn und bekehrten sie zu ihrem eigenen Irrglauben, ebenso die nahen Völker..."

Diese Erklärung wurde natürlich nach der Kirchenspaltung formuliert – ein Ereignis, das ungefähr ein Jahrhundert vorher stattgefunden hatte. Einen Wettstreit zwischen den beiden Religionen gab es auch im 10. Jahrhundert, aber eine derartige Feindseligkeit auf keinen Fall. In Wirklichkeit lebten der griechische Ritus und der Basilianerorden noch im 11. Jahrhundert neben dem lateinischen Ritus in Ungarn. Suchen wir die wahren Gründe für die Orientierung nach Rom, so spielen dabei wahrscheinlich die Gegensätze, die zwischen den Führern von Südostungarn (die den orthodoxen Glauben angenommen hatten) und den Fürsten des nach Rom orientierten Arpadengeschlechts die Hauptrolle.

Bruno von Sankt Gallen und seine Priester haben wahrscheinlich hauptsächlich in den Fürstensitzen Esztergom (Gran), Fehérvár (Weißenburg), Veszprém (Veszprim) und deren Umgebung die Menschen bekehrt. Hier verbreiteten sie auch den Kult des Schutzheiligen der Mutterkirche von Sankt Gallen, davon zeugen Ortsnamen wie Szentgál (Sankt Gallen). Ebenfalls in dieser Gegend haben sie sicher die vielen, aus fernen Ländern stammenden Christen angetroffen, von denen Piligrim in seinem bereits erwähnten Bericht schrieb. Die Bekehrungstätigkeit war jedenfalls erfolgreich, und auch Fürst Géza selbst ließ sich taufen, wenngleich wohl kaum aus religiöser Überzeugung. Er brachte nämlich den heidnischen Götzen weiterhin Opfer dar und wies die geistlichen Vorwürfe mit der Begründung zurück, daß „ich reich genug dazu bin ..." Nachdem er jedoch die Wichtigkeit des Christentums erkannt hatte, duldete seine heftige Natur keinen Widerspruch: Den fast zeitgenössischen Chroniken zufolge verbreitete er die neue Religion mit Feuer und Schwert und unbändiger Gewalt. Die Anerkennung ließ nicht lange auf sich warten. Bereits 973 lud Otto II. den neuesten christlichen Herrscher zu der vielleicht ersten „internationalen Konferenz“ Europas nach Quedlinburg ein, an der außer dem dänischen, dem polnischen und dem böhmischen Herrscher sowie dem Fürsten von Benevent auch die Gesandten des byzantinischen Kaisers teilnahmen. Die größte Zahl der Anwesenden machten natürlich die deutschen Fürsten aus. Géza wollte nicht als Vasall erscheinen, deshalb schickte er zwölf seiner Hauptleute nach Quedlinburg. Das bedeutete nicht weniger, als daß Ungarn schon damals, vor mehr als tausend Jahren, unter den christlichen Nationen Europas Platz nehmen konnte, also viel früher als die skandinavischen und die baltischen Völker.

Auch auf anderem Gebiet brach Géza mit den Traditionen der halbnomadischen Vergangenheit. Er ließ Burgen bauen, zog mit seiner kämpferisch veranlagten Frau griechischen Glaubens in ein Schloß und hier im Schloß von Esztergom wurde der Erbe, Stephan, geboren.

Bereits die Generation der Landnehmer besetzte und benutzte jene Steingebäude, die die Römer noch bis in das 4. Jahrhundert in Pannonien errichtet hatten. Árpáds Mitfürst Kurszán z. B. machte das militärische Amphitheater von Aquincum (heute Óbuda – Altofen – in Budapest) zur Festung, indem er die Eingänge der Arena zumauern ließ.

Doch die römerzeitlichen Gebäude waren schon baufällig, und obwohl sie noch als Ruinen einen imposanten Eindruck machten, dienten sie in der neueren Zeit wohl eher nur als Steinbruch. Die Steine von Aquincum wurden mehrere Tagereisen weit geschleppt und verwendet, ebenso wie die Steine anderer antiker Städte. Die mittelalterliche Stadt Pest – die das breite Flußbett der Donau von den nächsten förderbaren Steinen trennte – war aus den Steinen der gewaltigen Mauern der Festung Contra-Aquincum erbaut worden, deren großartige Überreste man noch heute besichtigen kann.

eines feindlichen Angriffes von außen hinter den Fürsten, in Friedenszeiten anerkannten die Heere keine höhere Macht. Die alten Traditionen der Gemeinschaft waren stärker als die neue, zwingende Notwendigkeit.

Das zeigte sich auch sofort, als Géza 997 nach fünfundzwanzigjähriger Herrschaft starb. In seinen letzten Lebensjahren hatte er alles daran gesetzt, seinem Sohn Stephan die Macht zu sichern; unter anderem hatte er ihm in der Person Giselas, der jüngeren Schwester Heinrichs IV., Herzog von Bayern (später Kaiser Heinrich II.), eine würdige christliche Frau verschafft. Der Thronfolger Stephan wohnte in der herzoglichen Provinz Neutra (ung. Nyitra, heute Nitra, ČSSR), Géza in Esztergom, seine Frau in der späteren Residenzstadt der ungarischen Königinnen, in Veszprém. Auf die Nachricht vom Tod Gézas hin machte sich sein Onkel Koppány, der im Sinne des alten Brauches als Ältester seiner Sippe der Erbe gewesen wäre, aus einer entfernten Gegend des Landes auf, um die Macht zu übernehmen und gleichzeitig Gézas Witwe Sarolta zu heiraten. Aus diesem Grunde wollte er zuerst die Residenz der Für-

Ebenfalls aus der Bilderchronik stammt dieses Bildnis König Stephans I., es zeigt ihn als Jüngling in voller Kriegsausrüstung. Kleidung, Rüstung und Wappen verweisen auf die Mitte des 14. Jahrhunderts, als die Bilderchronik entstand.

stin, Veszprém, stürmen. Stephan zog mit seinem Geleit sofort in das nahegelegene Esztergom und erklärte sich zum Fürsten. Er traf in Begleitung seiner Frau ein, doch jetzt schlug ihn bereits ein zu seinem Heer gehörender schwäbischer Panzerritter zeremoniell mit gegürtetem Schwert zum Ritter – diese Zeremonie erscheint sehr eigenartig, denn diesen Titel gab es in der nomadischen Tradition gar nicht... Das Heer des neuen Fürsten zog gegen den „aufständischen“ Koppány. Stephan empfahl die Angelegenheit der Gunst des heiligen Martin von Pannonien, und im Fall seines Sieges versprach er der Abtei von Pannonhalma Koppánys südtransdanubischen Besitz. Die Schlacht unweit von Veszprém endete mit einem glänzenden Sieg der moderner ausgerüste-

Die Krone vom Papst

Der als Heide geborene Géza war also der erste christliche Fürst auf ungarischem Boden – aber er hatte seinen Rang geerbt und nicht in einer christlichen Zeremonie erhalten. In seinem Land gab es immer mehr Christen, doch es fehlten die Diözesen und Kirchengemeinden. Das gemeinsame Siedlungsgebiet der über hundert ungarischen und ihnen angeschlossenen Geschlechter konnte er auch nur mit einer gewissen Übertreibung sein „Land“ nennen. Etwa hundert Stammesoberhäupter verfügten über kleinere oder größere Heere; einige Führer, aus Tradition mit höherem Rang, konnten die Heere eines Gebietes vereinigen. Der traditionelle Stämmebund stellte sich nur im Fall

ten Armee: Koppány fiel. Sein Körper wurde zur Strafe für die „Hurerei“ – weil er es gewagt hatte, ein Auge auf Sarolta zu werfen – gevierteilt und auf die Tore von vier entfernten Burgen aufgespießt. Nach dem Sieg bekam natürlich die Abtei von Pannonhalma den versprochenen Besitz, aber auch die obersten Ritter Stephans, unter ihnen einige schwäbische Ritter: Hunt, Pázmán, Orzi, Vecelin – später Stephans Comites (Gespane), Ahnen berühmter Familien.

Stephan dürfte schon vorher einen Plan dafür ausgearbeitet haben, was mit dem Heer und dem Dienstvolk der besiegten Gegner geschehen sollte. Die Bediensteten beließ er in ihren Verhältnissen, doch mußten sie von nun an ihm ihre Abgaben leisten. Die Krieger des besiegten Feindes siedelte er voneinander getrennt in Gegenden des Landes an, um so jedweder Unruhe vorzubeugen. In ihren früheren Wohngebieten siedelte er einen Teil seiner alten Krieger an, um über die Ordnung und das Dienstvolk zu wachen. Auf die Nachricht vom Sieg hin akzeptierten die meisten Geschlechter Stephans Vorschlag: Er übernahm ihr Heer, ihre „gefütterten Leute“ – im allgemeinen nicht Mitglieder des Geschlechts – und einen großen Teil des Siedlungsgebietes. Von da an waren die Kreise je einer königlichen Burg königliche Burgkomitate, die Heere siedelte er getrennt in anderen Burgkomitaten an. Der ernannte Gespan regierte an der Spitze von aus anderen Gegenden stammenden Heeren von der Burg aus das Burgkomitat.

Diese Anordnung – die bis in unsere Tage die Basis der Verwaltung bildet – und Stephans Herrschaft waren nur zwei mächtige Herren nicht gewillt anzuerkennen: Stephans Verwandter Gyula, der über Siebenbürgen herrschte, und Ajtony, Herr über den Großbesitz im südlichen Landesteil. Beide waren Anhänger des orientalischen Christentums und hielten griechische Priester aus Byzanz; spätere Chroniken sahen fälschlicherweise in diesem Glaubensunterschied den Grund für die Gegnerschaft. Obzwar sich Gyula und Ajtony Stephan nicht unterwarfen, traten sie auch nicht gegen ihn auf, und so war die Bereinigung ihrer Beziehung nicht dringend.

Andererseits war es unbedingt notwendig, die außenpolitischen Beziehungen des Landes zu ordnen, ferner die Kirchenorganisation des jetzt schon als christlich zu bezeichnenden Landes aufzubauen und die Missionierung zu beschleunigen, denn noch immer war mehr als die Hälfte der Bevölkerung heidnisch. Dazu waren aber Priester, Kanoniker, Bischöfe, Heilige Schriften sowie Reliquien für die Kirchenaltäre notwendig. Ungarn konnte nur als Civitas christiana einen festen Platz unter den anderen christlichen Ländern einnehmen und so gelehrte Mönche und Priester rufen, die dann aus den geeigneten Ungarn gute Priester heranbildeten, die in der Sprache des Volkes predigten.

Wie das alles zustande gebracht werden konnte, hatte wohl auch schon Stephans Vater

König Stephan I. zur Zeit des Sieges über Fürst Gyula.

Géza überlegt. Ungarn war nun ein christliches Land mit einem christlichen Fürsten – zur Legalisierung seiner Macht war aber auch eine Königskrone nötig. Eine solche Ansehen verleihende Krone konnte Stephan vom byzantinischen oder dem römisch-deutschen Kaiser oder vom Papst in Rom erhalten. Zu Byzanz standen die ungarischen Fürsten seit einem halben Jahrhundert in einem nicht allzu guten Verhältnis, außerdem war ihr innerer Gegner Anhänger der orthodoxen Kirche und hielt zu Byzanz. Der römisch-deutsche Kaiser Otto III. hätte sicher gern eine Krone geschickt, doch hätte deren Annahme den ungarischen Herrscher in eine Reihe mit den Fürsten des Reiches gestellt.

Im Verlauf des 10. Jahrhunderts hatten die Ungarn schon mehrmals solche Schritte vermieden, die sie in Abhängigkeit vom Kaisertum gebracht hätten. Géza hatte nicht an der denkwürdigen Quedlinburger Konferenz teilgenommen; sein Vorgänger Taksony hatte Bischöfe nicht von den Deutschen, sondern von Rom verlangt. Nun kam der Begleiter und Gefährte des heiligen Märtyrers Adalbert, Pater Ascherik (sein kirchlicher Name war Anastasius), Stephan zu Hilfe. Er war inzwischen Würdenträger der päpstlichen Kurie geworden, weilte aber wahrscheinlich um 1000 bei Stephan und übermittelte dessen Wunsch an Papst Silvester II. Der erfüllte die Bitte, die auch von Otto III. unterstützt wurde.

Noch Ende des gleichen Jahres kehrte Anastasius zu Stephan zurück, er brachte die Insignien der christlichen und unabhängigen Herrscher mit: neben der Krone die mit einer Fahne versehene Lanze und vielleicht auch noch den Reichsapfel.

Die Krönung fand am ersten Tag des neuen Millenniums, am 1. Januar 1001, statt, und zwar nicht zufällig gerade zu diesem Zeitpunkt. Überall in Europa knüpfte man große Hoffnungen an die neue Weltepoche, man wartete auf ein neues, friedlicheres, glücklicheres Zeitalter. Vielleicht gehörte zu diesen Vorzeichen auch der Beginn der Herrschaft des bereits christlich erzogenen Königs mit der vom Papst erhaltenen Krone? Die in der Nachbarschaft des Karpatenbeckens lebenden Völker täuschten sich jedenfalls nicht in der Hoffnung, daß dieses Ereignis sie von den Überfällen der gefürchteten ungarischen Reiter befreien würde.

Als Stephan die Krone übernahm, empfahl er das Land – der Tradition entsprechend – der Gunst des heiligen Petrus und somit des Papsttums (dieses Patronat wurde später der Jungfrau Maria übertragen). Das bedeutete jedoch nur die Anerkennung der Kurie hinsichtlich des Glaubens. Seigneuralrechtsansprüche erhob nicht das ferne Rom, sondern das nahe Deutsche Reich.

Ob es Ungarn als Rechtsnachfolger der pannonisch-slawischen lehnspflichtigen Provinz oder des an der Donau gelegenen früheren Awarenreiches, das von Karl dem Großen unterworfen und zum Vasallen gemacht worden war, betrachtete, auf jeden Fall erstreckte es seine Ansprüche darauf.

Detail der Illustration auf der gegenüberliegenden Seite.

Stephan mußte alle Kniffe der ungarischen diplomatischen Traditionen anwenden, um gegenüber dem mächtigen Reich – wenngleich sein Schwager bald dessen Herrscher wurde – die althergebrachten ungarischen Unabhängigkeitsansprüche zu verteidigen. Schließlich hatten seine Vorfahren die Gefahren der Loslösung vom Chasarenreich, das Risiko der Suche nach einer neuen Heimat nicht deshalb auf sich genommen, um sich nun in eine andere und wahrscheinlich viel engere Abhängigkeit von einem anderen Reich zu begeben.

Nach dem zeitgenössischen Bericht des Merseburger Bischofs Thietmar hat „Vajk [Stephans heidnischer ungarischer Name] von des Kaisers [Otto III.] Gnaden und auf seinen Zuspruch in seinem Land ein Bistum aufgestellt und so Krone und Segen erhalten". Zu der Zeit, als Anastasius mit Stephans Bitte um Entsendung einer Krone und mit seiner Abordnung in Rom eintraf, also im Sommer oder Herbst des Jahres 1000, hielt sich Otto tatsächlich bei Papst Silvester auf und hatte so Gelegenheit, den Papst zur Erfüllung der Bitte zu bewegen. Leider ist diese Stephanskrone in den späteren Stürmen der Geschichte verlorengegangen, und so müssen wir uns – als einzige zeitgenössische Darstellung – auf die Stickerei des Krönungsmantels verlassen, auf dem Stephan in vollem Ornat zu sehen ist. Das einst Kirchenfürsten zustehende Meßgewand mit Goldstickerei war wahrscheinlich zum Teil die Arbeit Giselas, und gerade weil es mit von der Gemahlin des ersten ungarischen Königs gestickt worden war, hat es die fromme Tradition unter die Insignien der ungarischen Herrscher gereiht und so geholfen, daß es fast ein Jahrtausend lang erhalten geblieben ist.

Zur Zeit des Sieges über den in der Bilderchronik erwähnten Fürsten Kean war Stephan schon älter. Mit der damaligen Beute wurde die Basilika in Stuhlweißenburg erbaut.

Staats- und Kirchenorganisation

Stephan benötigte nur wenige Jahre, um das Land unter seiner Macht zu vereinigen. Insgesamt dreimal mußte er zu diesem Zweck zur Waffe greifen, und jedesmal gegen einen Großherrn, einen Fürstensproß. Von einem Widerstand des Volkes ist uns nichts bekannt, die einfachen Krieger, die Ackerbauern und die Hirten akzeptierten die Neuerungen. Dabei bedeuteten diese für die meisten von ihnen Hörigkeit, Steuer- und Zehntenzahlungspflicht, andererseits aber auch Schutz, ein geregeltes Dasein, auf dem fruchtbaren Boden Lebensunterhalt und Sicherheit.

Die Veränderungen in der Gesellschaftsordnung waren tatsächlich radikal. Der Stämmebund und die Stämme selbst waren als Kriegsorganisationen nicht mehr nötig und verschwanden: An ihre Stelle trat das königliche Heer als Verteidigungsorganisation des Landes. Doch noch immer wurde das Dorf der Krieger, die von weither hier angesiedelt worden waren, mit dem Namen ihres einstigen Stammes bezeichnet, und in der Umgebung der königlichen Residenzen und Hauptburgen verwies das Vorkommen von zwei, drei oder mehr Stammesnamen auf das bewußte Vermischen der Kriegsvölker.

Auch die Organisation des Stämmebundes verschwand. Den größeren Teil der Ländereien wie auch die Heere des Stammesoberhauptes übernahm der König; über den restlichen, noch immer beträchtlichen Grundbesitz konnte das Stammesoberhaupt frei verfügen und es seinen Nachkommen vererben. Auf königlichem Boden wurden königliche Burgkomitate organisiert, mit einer Burg in der Mitte, von wo aus der Gespan des Königs das Gebiet verwaltete und sein Heer befehligte. Das gemeine Volk der Stämme, jetzt nur noch durch die Fiktion vom gemeinsamen Ahnen verbunden, vermischte sich rasch mit den eine ähnliche Lebensweise führenden Ackerbauern anderer Herkunft; die Verschiedenheit der Abstammung verwischte sich nach ein oder zwei Generationen. Und auch das Bewußtsein der gemeinsamen Abstammung mit den Stammesoberhäuptern und den Herren verblaßte.

Allmählich überzog das Netz der Burgkomitate das ganze Land und sicherte durch die Gespane und ihre Heere überall den Willen des Königs. Innerhalb weniger Jahrzehnte mußten viele Dutzend Burgen errichtet oder die seit Jahrhunderten zerfallenen alten Festungen wieder aufgebaut werden. Innerhalb der Burgen erhoben sich Paläste, Kirchen und andere Gebäude im romanischen Stil, der in ganz Europa in Mode war. Die Bauarbeiten leiteten ausländische Meister, aber bald traten deren ungarische Schüler an ihre Stelle, und mancherorts verewigten diese ihr Porträt in einem Säulenkapitell, wie das im Mittelalter üblich war.

Unterhalb der Burgen entstanden bescheidenere, aber nicht weniger wichtige Siedlungen, in denen das Dienstvolk des Gespans und seiner Heere sowie Ackerbauern und Handwerker wohnten. Sobald eine Siedlung größer wurde, ließ sich ein Krämer nieder, und sogar reisende Kaufleute machten Station. Solange nur wenige Menschen hier lebten, betrachteten sie beim Herannahen eines Feindes die Burg als Zufluchtsort. Später befestigten sie auch die Stadt und umgaben sie mit einer Mauer.

Es gab aber auch Städte, die nicht zu einer Burg gehörten, sondern als Handwerks- und Handelszentren sowie als Marktflecken Bedeutung besaßen. Wenn sie nicht einem Gespan, sondern unmittelbar dem König unterstanden,

König Stephan I. ließ auch für die Kanoniker von Óbuda eine Kirche errichten. Auf dem Bild ist er mit seiner strenggläubigen Gemahlin Gisela zu sehen.

betrachteten sie sich als „freie Städte". Eine der wichtigsten war das in der Mitte des Landes gelegene Pest, der mittelalterliche Kern des heutigen Budapest. Durch Ungarn führten sichere Straßen und hier war auch ein Knotenpunkt des ostwestlichen wie des nordsüdlichen europäischen Handels. Für Pest spielten die guten Donauübergänge und die Straßen, die zum Teil noch aus der Römerzeit stammten, eine wichtige Rolle bei der Entwicklung des Handels.

Den slawischen Chroniken und anderen Quellen zufolge waren Pferde und Silber bereits im 10. Jahrhundert wichtige Exportartikel. Im Austausch importierten die Städte sowohl aus dem Osten als auch aus dem Westen Erzeugnisse des Handwerks – Stoffe, Geräte, Schmuck und natürlich Waffen; anfangs sogar auch Sklaven. Den Handel mit dem Ausland besteuerte der König: An den Grenzen forderten die Zöllner für die Kammer ein Dreißigstel des Wertes der aus- und eingeführten Waren.

Zu Stephans Zeiten war jedoch der Handel nicht das einzige Verbindungsglied zwischen Ungarn und den anderen Teilen der Welt und vielleicht auch nicht das wichtigste. Die Politik seiner Vorfahren und hauptsächlich seines Vaters Géza fortsetzend, zog Stephan kirchliche Personen und Institutionen zur Organisierung der ungarischen Kirche heran. Von den Missionaren aus Sankt Gallen war bereits die Rede, ebenso vom heiligen Adalbert. Die Auswirkung der byzantinischen, orthodoxen Missionierung ist auch zur Zeit Stephans nachweisbar, doch beeinflußte sie nicht den Ausbau der Kirchenorganisation.

Gerhard (Gellért), ein Benediktinermönch und Priester aus Venedig, unternahm eine Wallfahrt ins Heilige Land. Auf dem Weg dorthin wurde er schiffbrüchig und geriet so um 1026 nach Ungarn. Er ließ sich hier endgültig nieder und erlitt später ebenda den Märtyrertod. Er erzog Stephans als Erben auserkorenen Sohn Emerich (Imre); Gerhard war einer der ersten Bischöfe in seiner neuen Heimat. Vorher hatte er als Einsiedler in der Wildnis des Bakonygebirges nördlich des Plattensees (Balaton) gelebt und hier sein theologisches Werk – das erste auf ungarischem Boden – *Deliberatio supra hymnum trium puerorum*, geschrieben. Dieses Werk hatte später nach Ansicht der Experten Auswirkungen auf die philosophische Lite-

Fundament der Basilika von Stuhlweißenburg. Sie war Schauplatz der Krönung ungarischer Könige und diente auch als Familienbegräbnisstätte des Arpadenhauses.

König Stephan I. gründete um 1015 auch die Abtei von Pécsvárad, die Weihe fand 1038 statt. Diese Unterkirche der Abtei wurde in den sechziger Jahren des 20. Jahrhunderts freigelegt.

ratur der europäischen Vorscholastik. Gerhard hatte ein abenteuerliches, sehr wechselvolles Leben, wie es sich nur im katholischen Europa abspielen konnte. Während der langen Thronwirren nach dem Tod Stephans empörte sich eine Handvoll Anhänger der früheren Ordnung gegen die Kirche, und durch ihre Hand starb der fromme Bischof. So wurde er zum Heiligen, zum ersten Märtyrer der ungarischen Kirche.

Es gelang Stephan, auch einen anderen päpstlichen Würdenträger in die kirchenorganisatorische Arbeit einzubeziehen: Anastasius, den schon erwähnten Begleiter des heiligen Adalbert. Stephan dürfte ihn zum Abt von Pécsvárad gemacht haben, nachdem Anastasius ihm die Krone des Papstes überbracht hatte. Bald aber erhielt er den Titel eines Erzbischofs von Kalocsa, den er bis zu seinem Tod trug. 1007 nahm er als „Erzbischof der Ungarn" an der Gründung des Bistums von Bamberg teil.

Nach der Überlieferung aus dem 13. Jahrhundert war Veszprém der erste ständige Erzbischofssitz; die Gründung des Erzbistums von Esztergom – dessen Vorsteher auch heute der Primas der katholischen Kirche in Ungarn ist – wurde zu Ostern 1001 vom Papst in Ravenna gestattet. Die Gründung der Pécser (Fünfkirchener) und der anderen Diözesen ließ nicht lange auf sich warten. Es wurde bereits die Abtei von Pannonhalma erwähnt, deren Grün-

dung in die Zeit Gézas fällt; ihre Stiftungsurkunde wurde jedoch von Stephan 1002 signiert: Aus der auf uns überkommenen Kopie aus dem 13. Jahrhundert geht hervor, daß der Abt des ersten Benediktinerklosters in Ungarn nicht dem Erzbischof unterstellt wurde, sondern nach dem Vorbild der Abtei von Monte Cassino den Erzbischöfen im Rang gleich war. Infolge besonderer Begünstigung erhielt die Abtei nicht nur das Zehntrecht in dem von Koppány besetzten gewaltigen Gebiet, sondern auch jeden Zehnten der Neugeborenen. Pannonhalma war nicht nur eine Abtei, sondern vom 10. Jahrhundert an ein bedeutendes kulturelles Zentrum mit einer hohen Schule.

Zur Entwicklung der Institution Kirche genügte aber die Gründung von Diözesen nicht. Es mußte auch für die Ausbildung von Priestern gesorgt werden, um Pfarren bilden zu können. In der Legende des heiligen Gerhard steht geschrieben, wie die vornehmeren ungarischen Familien ihre Söhne im Lesen und Singen ausbilden und ihnen auch das Zelebrieren einer Messe und das Brevierlesen beibringen ließen. Sie lernten auch predigen – natürlich in ungarischer Sprache. Ein großes Wissen erwarben die Priesteranwärter nicht, aber zu jener Zeit war das Niveau der Laienpriester in ganz Europa niedrig. Auch ihr Einkommen war bescheiden.

Stephans zweites Gesetzbuch, das er in seinen späteren Lebensjahren herausgab, verfügte folgendes: „Zehn Siedlungen sollen eine Kirche bauen, die sie mit zwei Grundstücken versehen, mit ebensoviel Dienern, Hengsten und Stuten, mit sechs Ochsen und zwei Kühen und dreißig Stück Kleinvieh. Für Kleidung und Altardecke sorgt der König, für Geistliche und Bücher der Erzbischof." Obwohl die Siedlungen damals noch klein waren, mußte die Kirche ziemlich geräumig sein, denn einem früheren Gesetz König Stephans zufolge „sollen die Priester und Gespane die Dorfvorsteher anweisen, am Sonntag jeden in die Kirche zu befehlen, Alte und Junge, Frauen und Männer, ausgenommen jene, die das Feuer hüten. Wer aus Nachlässigkeit daheim bleibt und nicht, weil er das Feuer hüten muß, der soll verdroschen und geschoren werden."

Die Ausübung des christlichen Glaubens wurde also hier – wie auch sonst in Europa – durch königliche Verordnungen vorgeschrieben und geschützt. Im Gesetz nannte sich der König Schirmherr des Christentums: Jemand, der den christlichen Glauben nicht beibehielt, sollte vom Erzbischof siebenmal gezüchtigt werden, und wenn er trotzte, „soll er dem Gericht des Königs – als Schirmherrn des Christentums – übergeben werden". Bis sich die neue Religion festigte, benötigte sie eine Stütze – die Stütze der Macht. Das Erstarken des Christentums festigte zweifellos auch die neue Ordnung, das Königtum Stephans. Der apostolische Herrscher wurde jedoch nicht von irgendwelchen niedrigen Interessen oder von Gewinnsucht getrieben. Soweit die Geschichte Stephans Gestalt durch das Dunkel eines Jahrtausends hindurch beleuchtet, ersteht vor uns

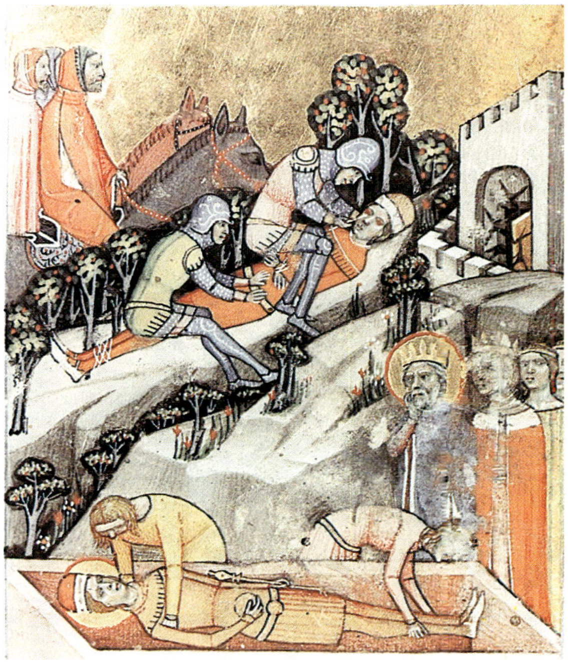

Die Beisetzung des auf der Jagd verunglückten Prinzen Emerich und die Blendung Vazuls – für den Chronisten zwei miteinander in Zusammenhang stehende Ereignisse.

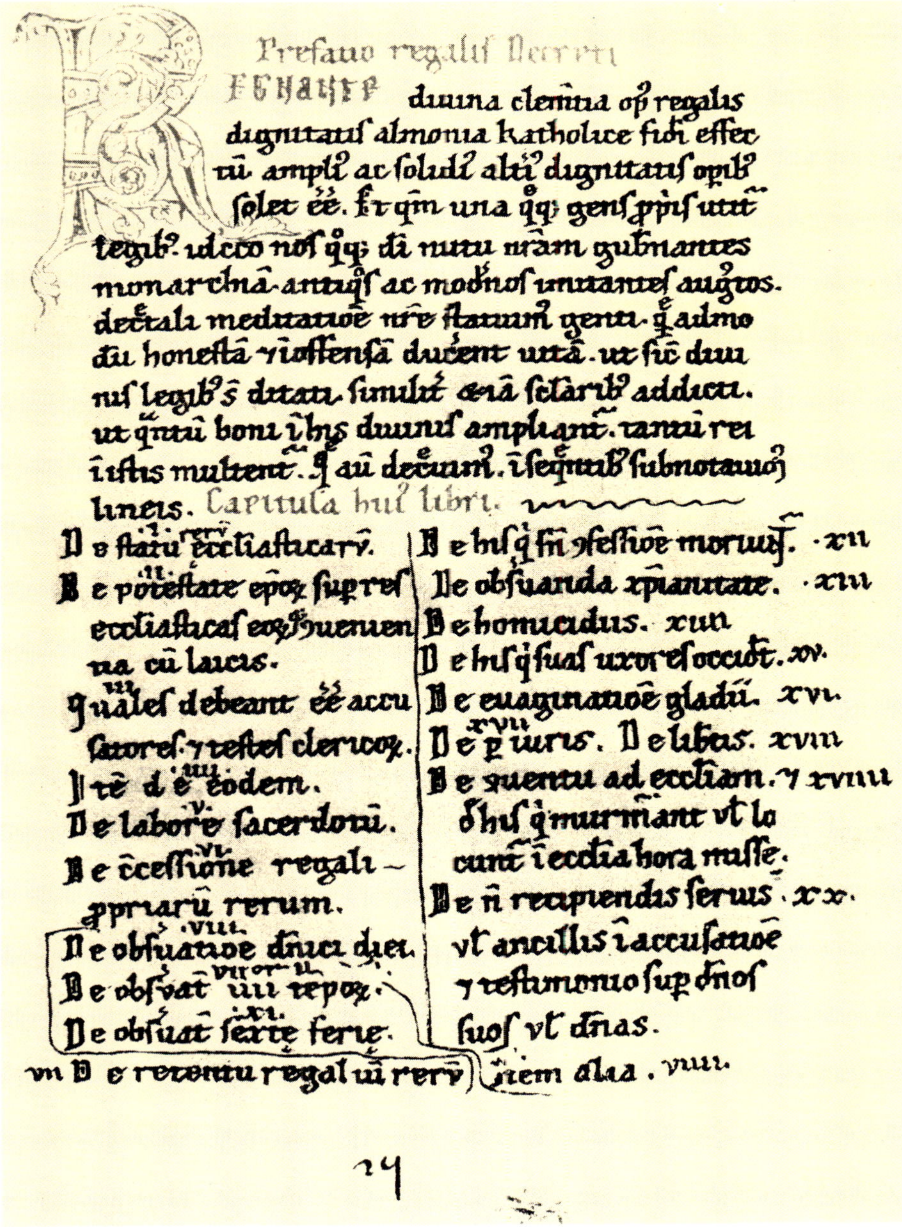

Das erste Blatt des Dekrets Stephans I. des Heiligen mit der Aufzählung der Gesetze. Unter der Nummer VIII findet sich das Gesetz über die Einhaltung des Sonntags.

Nach Stephans I. Tod brachen Thronzwistigkeiten zwischen dem von ihm bestimmten Nachfolger Peter Orseolo und Samuel aus dem Geschlecht der Aba aus; Peter wurde auch vom deutschen Kaiser unterstützt. In der hier dargestellten Schlacht von Ménfő besiegten die kaiserlichen Truppen Samuel Aba und setzten Peter wieder auf den ungarischen Thron.

eine tief religiöse Persönlichkeit, die neben vielem anderen in erster Linie zum Heil ihres Volkes beitragen wollte und wie ihre Zeitgenossen an die die Seele läuternde Wirkung der Kontemplation, der Wallfahrt und der Buße glaubte. Obwohl der König den späteren Erzbischof Gerhard von seinem Weg ins Heilige Land mit der Begründung zurückhielt, daß hier wichtigere Arbeit als die Wallfahrt auf ihn warte, gründete er später selbst ein Haus für die Pilger und versorgte die auf dem langen Weg Erschöpften mit allem Notwendigen. Er korrespondierte mit den Klöstern ferner Länder und bat um heilige Reliquien und Bücher für seine Kirchen.

Das Gesetz überließ also die Versorgung der Kirchen mit Priestern den Erzbischöfen, ebenso trieben diese den Zehnten ein und bezahlten damit ihre Priester. Das alles weist vielleicht darauf hin, daß Stephan die Kirche nicht nach dem deutschen Prinzip der Eigenkirche organisiert hat, nach dem der Grundbesitzer, der das Grundstück für die Kirche gab, gleichzeitig der Patronatsherr dieser Kirche war, er ernannte und dotierte den Geistlichen usw. Stephan mußte ein älteres, im zeitgenössischen Italien jedoch übliches Prinzip gekannt haben – die Organisation der Taufkirche. Hier war der Ausgangspunkt die Macht des Erzbischofs als Spender der Sakramente, vor allem der Taufe. Dementsprechend war der apostolische König nicht oberster Herr der Kirchen, sondern tatsächlich ein Apostel, ein Organisator der Verbreitung und Festigung des Glaubens. Aufgrund seines weiten Gesichtskreises war Stephan imstande, den Erfahrungen vieler europäischer Länder gerade das zu entnehmen, was sein Land benötigte.

Wenn Stephan auch einen Großteil seiner Vorstellungen realisieren konnte – ein Plan mißlang ihm. Der erste seiner zwei Söhne, Otto (er hatte einen kaiserlichen Namen bekommen), starb noch als Kind. Sein zweiter Sohn, Emerich (getauft nach seinem kaiserlichen Onkel), versprach sein würdiger Nachfolger zu werden. Er erhielt die dem Prinzen zustehende Provinz und ein Heer. In der Person Gerhards hatte er einen vorzüglichen Erzieher. Emerich tat sich in männlichen Wissenschaften, im Kampf und auch in der Jagd hervor. Zeitgenössische Quellen erwähnen ihn als „dux ruizorum", das heißt als Befehlshaber der aus in Rußland angesiedelten Warägern bestehenden Leibgarde: Ebenso wie die byzantinischen Kaiser unterhielt auch Stephan Waräger-Leibgardisten. Emerich mochte Mitte zwanzig gewesen sein, als ihn ein Eber auf einer Jagd tödlich verletzte. So blieben schließlich Thron und Werk Stephans ohne Erben.

Gemäß der agnatischen Erbregel wäre der Sohn von Stephans jüngerem Bruder, Vazul, ihm auf den Thron gefolgt, doch Stephan überging ihn, da er ihn für untauglich hielt. Er ließ ihn sogar blenden (um ihm so das Herrschen unmöglich zu machen), als jener sich, empört über die Zurücksetzung, gegen ihn wandte. Sein gewählter Erbe, Peter Orseolo, der Sohn seiner älteren Schwester und des Dogen von Venedig, schien als Herrscher des ungarischen Königreichs auch nicht sehr geeignet, da er über die Angelegenheiten des Landes zuwenig Bescheid wußte. Ihn verband zwar nichts mit der alten Ordnung der Sippengesellschaft, doch war er imstande, Stephans Reformen nach dem Tod des großen Königs wirkungsvoll zu verteidigen.

Nach Jahrzehnten blutiger innerer und äußerer Kriege waren es aber gerade Vazuls Söhne, die die heidnischen Aufständischen niederwarfen, die Unabhängigkeit des Lan-

Freskenfragment in der Krypta von Feldebrő mit der Gestalt Kains. 12. Jh.

Feldebrő: die Krypta der Pfarrkirche wurde in der ersten Hälfte des 11. Jahrhunderts erbaut, hier wurde wahrscheinlich 1044 Samuel Aba bestattet.

Der Sarg mit dem Leichnam Stephans I. des Heiligen war ursprünglich ein römischer Sarkophag, dessen Reliefs in christlichem Geist verändert wurden.

des sicherten und auch die Kirche in Ungarn endgültig festigten. Bis 1301 waren Vazuls Nachkommen die Könige aus dem Haus der Arpaden. Der während der Jagd umgekommene junge Emerich war zwar schon verheiratet gewesen, hatte aber keine Nachkommen.

1083, als König Stephan und Bischof Gerhard heiliggesprochen wurden, kämpfte Papst Gregor VII. gegen den deutschen König Heinrich IV. noch heftiger als seine Vorgänger für die cluniazensische Reformbewegung. Das war sechs Jahre nach Heinrichs Bußgang nach Canossa, und er begann gerade einen neuen Angriff. Die Anhänger der Kirchenreformen ergriffen die Gelegenheit, um der cluniazensischen Reformbewegung einen Heiligen zu geben. So erdichteten sie um den kinderlosen Emerich und seine Frau die Legende von der „keuschen Ehe" und sprachen Emerich, als Beispiel der Keuschheit, zusammen mit seinem Vater heilig. In der Legende, die einige Jahrzehnte später im cluniazensischen Geist geschrieben wurde, ist zu lesen: „Er hielt die körperliche Zeugung, die verderblich ist, für geringer als das seelische Gelübde der Keuschheit, und er tötete das Fleisch durch Fasten ab und labte die Seele mit dem Worte Gottes, auf daß der körperliche Reiz sich seiner nicht bemächtigte und er die Keuschheit seines unberührten Weibes unbefleckt ließ... denn es ist eine große, fast übermenschliche Sache, den körperlichen Reiz einzuschläfern und die vom Eifer der Jugend entfachte Flamme des Verlangens mit der Hilfe des Herrn auszulöschen..."

Die Heilige Rechte: die Handreliquie König Stephans I. „Er unterstützte alle Armen, er ging zu ihnen und sorgte mit eigener Hand für sie; deshalb ist diese barmherzige Rechte bis auf den heutigen Tag vor den Augen Ungarns", schrieb der Chronist. Die Reliquie kann in der Budapester St.-Stephans-Basilika besichtigt werden.

Ritter, Heiliger und König

Die prachtvollen Feierlichkeiten der Heiligsprechung fanden unter Ladislaus I. (1077–1095) statt; der König wurde später ebenfalls kanonisiert, als dritter, jedoch keineswegs als letzter Heiliger aus dem Haus der Arpaden.

Den Unruhen nach König Stephans Tod bereitete schließlich die Heimkehr der Söhne Vazuls ein Ende. Der eine war Béla I., der Vater des Ladislaus, dessen Thron jedoch zuerst sein Vetter Salomon erbte. Dieser jähzornige, unüberlegte Jüngling richtete viel Unheil im Land und auch bei den Nachbarn an, bis endlich Géza I. und nach seinem frühen Tod sein Bruder Ladislaus den Thron besteigen konnten.

Wir befinden uns bereits in der Zeit nach der Spaltung der katholischen Kirche in die orthodoxe Kirche und die lateinische Kirche, doch werden die Seelen nicht davon erregt, sondern vom Kampf zwischen dem römisch-deutschen Kaisertum und dem Papsttum. Vom Investiturstreit ist die Rede, bei dem es um das Recht ging, hohe Geistliche zu ernennen und einzusetzen. Wer über dieses Recht verfügte, hielt praktisch die gesamte Kirchenorganisation in der Hand. Die weltlichen Herrscher setzten in ihrem Land die Prälaten, die gleichzeitig die wichtigsten Leute des Königs waren, selbst ein. Die Reform, die von der Benediktinerabtei in Cluny ausging, wollte aber auch hier Ordnung

Die Krypta der Abteikirche von Tihany. Die Gründungsurkunde aus dem Jahr 1055 enthält zahlreiche ungarische Wörter und Wortverbindungen. Im Vordergrund der Abbildung ist die Ruhestätte Andreas' I., des Gründers der Abtei, zu sehen.

Vorderansicht der Heiligen Krone der ungarischen Könige: Die untere „griechische" Krone (die Aufschriften der Emailbilder sind in griechischer Sprache abgefaßt) ist wahrscheinlich bereits im 13. Jahrhundert mit der oberen „lateinischen" Krone zusammengefügt worden.

Hinteransicht der Krone: Die Art der Zusammenfügung ist deutlich zu sehen.

Das ungarische Krönungszepter.

schaffen, und in der Person Gregors VII. kam ein Papst auf den Heiligen Stuhl, der imstande war, für dieses Ziel zu kämpfen. Dazu gehörte auch, daß er Salomon, der sich im Kampf um seinen Thron an Heinrich IV. wandte, wegen dieses Schrittes den königlichen Titel entzog: Fortan war Salomon nur *regulus* (Königlein), den Thron erhielt sein Vetter Géza.

Géza hatte auch gute Beziehungen zu Byzanz, hatte er sich doch von dort seine Gemahlin geholt. So bekam der neue König eine kunstvoll gearbeitete, prächtige Krone aus By-

Das Wertvollste der Krönungsinsignien: der Krönungsmantel. Er war ursprünglich – wahrscheinlich von Königin Gisela – als Meßgewand gestickt worden und wurde erst später Zierde des Königs.

zanz, auf einem Emailbild war Géza selbst dargestellt mit der Aufschrift *krales Turkias*, König der Türken.

Diese „griechische Krone" wurde später mit einer ähnlich ausgeführten „lateinischen Krone" (auf deren Emailbildern die Aufschriften in lateinischer Sprache geschrieben stehen) zusammengefügt. Vom 13. Jahrhundert an wurde nur derjenige als gesetzmäßiger ungarischer König angesehen, der mit dieser Krone gekrönt wurde. Zur Zeit gehört sie zu den kostbarsten Schätzen des Ungarischen Nationalmuseums.

Im gleichen Jahr 1077, als Heinrich IV. seinen Bußgang nach Canossa antrat, starb König Géza, und der überaus beliebte Ladislaus bestieg den Thron. Seine Popularität hatte er 1068 im Kampf gegen die das Land überfallenden Petschenegen gewonnen. Das damals östlich von den Karpaten lebende nomadische Reitervolk begann in diesem Jahr zusammen mit den sich ihm anschließenden Usoren Raubzüge gegen Ungarn. Sie drangen über die Siebenbürger Pässe in die östlichen und nordöstlichen Komitate ein, zogen mordend, plündernd und brennend durch das Land und legten allen die Sklavenkette an, derer sie habhaft wurden. In aller Eile sammelte König Salomon ein Heer gegen sie und zog mit den Prinzen Géza und Ladislaus gegen die in der Chronik Kumanen

Die einzige zeitgenössische Darstellung König Stephans I. ist die Stickerei auf dem Krönungsmantel.

Bildnis der Königin Gisela auf dem Krönungsmantel.

genannten Plünderer. Diese befanden sich mit der Beute bereits im Szamostal auf dem Heimweg nach Osten. Die Schlacht fand auf einem Berg statt und endete mit der vernichtenden Niederlage der Petschenegen. Die Gefangenen wurden befreit, die Beute zurückgeholt, und damit war den Einfällen der östlichen Nachbarn für eine Weile ein Ende gesetzt.

Die Prinzen, insbesondere Ladislaus, hatten großen Anteil an den Kämpfen, und ihr Ruf verbreitete sich bald. Besonders eine Episode blieb in der kollektiven Erinnerung erhalten. So soll Ladislaus während der Verfolgung des Feindes gewahrt haben, daß ein kumanischer Streiter mit einem ungarischen Mädchen im Sattel die Flucht ergriff. Ladislaus sprengte ihm nach, holte ihn ein und zwang ihn zum Zweikampf, konnte ihn aber nicht besiegen. Schließlich schlug das Mädchen mit der Streitaxt auf den Knöchel des Kumanen, und Ladislaus besiegte den verletzten Gegner. Der in der Schlacht ermüdete Held ruhte sich nun aus. Er legte seinen Kopf in den Schoß des Mädchens, das ihm „in den Kopf blickte", wie man im Mittelalter den familiär vertrauten Vorgang des Entlausens nannte.

Die Darstellung des Kampfes zwischen Ladislaus und dem Kumanen gehört zu den meistdargestellten Bildern der ungarischen mittelalterlichen Kirchenmalerei, aber auch in jeder mit Miniaturen oder später mit Stichen verzierten Chronik findet man diese Darstellung in auffallend gleicher ikonographischer Ausarbeitung.

Ein prominenter ungarischer Archäologe hat vor Jahrzehnten festgestellt, daß diese Szenen in ähnlicher Komposition auch auf orientalisch-mittelasiatischen, sibirisch-skythischen und iranischen Darstellungen zu finden sind. In diesem dualistischen Mythos (iranischer Abstammung?) verkörpern die Kämpfer den Guten und den Bösen, den weißen und den schwarzen Schamanen. Ihr ewiger Kampf ist unentschieden: Keiner kann den anderen besiegen. Sobald aber der Helfer des weißen Schamanen mit der sakralen Streitaxt auf die Achillessehne des schwarzen Schamanen schlägt und diese verletzt, kann der gute weiße Schamane, der Verkörperer des Lichtes, des Tages, den Feind besiegen. Der Gegner versinkt, die Tage werden länger... Doch die Wunde heilt, und nach einer Weile beginnt der Kampf von neuem.

Betrachtet man diese Erklärung, wird klar, daß die Popularität Ladislaus' nicht nur eine Folge seiner Heldentaten ist, sondern auch die Wirkung des tief in der Seele wurzelnden optimistischen Mythos und der natürlichen Sehnsucht nach dem Guten. Auf jeden Fall ist seine Beliebtheit einzigartig im ungarischen Mittelalter. Noch Jahrhunderte nach seinem Tod hieß es, seine Bronzestatue in Großwardein (ung. Nagyvárad, heute Oradea, Rumänien) werde lebendig und Ladislaus steige herab, wenn ein fremder Eroberer das Volk bedrohe; der heilige König und Ritter schlage und vertreibe den Feind allein.

In der Kopie der russischen Jahrbücher von Twer ist ein interessantes Beispiel dafür zu lesen, wie die Staatsgrenzen, ethnische und sogar kirchliche Grenzen überschreitende Legende in ferne Länder geriet. Der Chronist bringt die Legende mit dem ihm zeitlich näher stehenden Tatarensturm in Verbindung, und anstelle des Petschenegenführers Osul erwähnt er den Tatarenführer Batu. „Das Jahr 1246... Der verfluchte und böse Zar Batij ist ganz bis zur ungarischen Stadt Nagy Varadin [Großwardein] vorgedrungen, die in der Mitte des ungarischen Landes liegt, reich an Obst und Wein ist und ganz von Gewässern umgeben wird, deshalb fürchteten sich ihre Bewohner auch vor nichts; in der Mitte steht eine sehr hohe Säule. Der Herrscher dieses Landes war damals Wladislaw [Ladislaus], er herrschte über die Ungarn, Deutschen, Böhmen und das ganze Küstengebiet bis zum großen Meer... Als er Gottes Hilfe gewahrte, schwang er sich auf sein Pferd und griff den Feind mit seinen Soldaten, soviel um ihn herum waren, an, jener aber, als

Aus der Augsburger Ausgabe der Thuróczy-Chronik: Der Kampf Ladislaus' I. mit einem Kumanen. Unten: Kampf zu Pferd; das geraubte ungarische Mädchen im Sattel des Kumanen. Oben: Die Pferde sind angebunden, und die Männer ringen miteinander; das Mädchen schlägt gerade auf den Knöchel des Kumanen.

er das sah, floh, weil ihn Angst ergriff, diese jedoch verfolgten den Feind und metzelten zahllose Barbaren nieder und eroberten unermeßliche Beute... Den zum Hochgebirge fliehenden gottlosen Batij holte der König selbst ein, und sobald sie aufeinanderstießen, begann seine Schwester, die die Tataren gefangengenommen hatten, Batij zu helfen, der König aber ermordete beide gnadenlos... Der König wurde hoch zu Roß mit der Streitaxt, mit der er Batij getötet hatte, in Bronze gegossen und auf die erwähnte Säule gestellt, mit der Streitaxt in der Hand, wie er bis zum heutigen Tag ist..."

Der slawische Chronist, wie etwa auch der Verfasser der ungarischen *Bilderchronik* aus dem 14. Jahrhundert, mißverstand offensichtlich die Rolle des verschleppten ungarischen Mädchens in der Episode. Sie kannten die alte heidnische Glaubenswelt nicht mehr, in der die Erzählung wurzelt, und deren ikonographische Konzeption in erster Linie die Teppichmuster vermitteln konnten.

Während der Regierungszeit Ladislaus' kam es im angrenzenden Königreich Kroatien zu bedeutsamen Ereignissen. Seit Jahrzehnten tobte der Kampf zwischen den Anhängern des lateinischen und des slawischen Ritus: Erstere wurden natürlich vom Papst unterstützt, deshalb betrachtete sich die Partei des slawischen Ritus sozusagen auch als nationale Partei, obwohl sie die Unterstützung von Venedig und von Byzanz genoß. Die ungarischen Könige unterstützten den lateinischen Ritus – damals war gerade eine ungarische Prinzessin die Gemahlin des Königs der lateinischen Partei, Swojnimir. Als dieser ohne Erben starb, wollte die andere Partei die ungeklärte Situation zu ihren Gunsten nutzen. Doch starb ihr Thronanwärter, Stephan, ebenfalls bald darauf ohne Erben. Die Republik Venedig, Herrscherin über die dalmatinischen Städte, hatte sich schon auf eine Einmischung vorbereitet: Venedig wollte das Hinterland der dalmatinischen Küste für sich erobern. Doch jetzt wandte sich Swojnimirs Witwe an ihren Bruder Ladislaus, und der ungarische König eilte den Gegnern Venedigs zu Hilfe.

Ladislaus, den auch die kroatischen Aristokraten unterstützten, zog 1091 in das Königreich ein und setzte seinen Vetter Álmos auf den Thron. Da brachen jedoch die weiter entfernt im Osten wohnenden kumanischen Stämme unerwartet in das Land ein. Auf die Nachricht von den Verheerungen der Kumanen in Siebenbürgen kehrte Ladislaus mit seinem Heer aus Kroatien zurück, bevor er die Venezianer aus den Städten Dalmatiens vertrieben hatte. Der Besitz dieser Städte blieb für lange Zeit umstritten. Dafür entstand mit Kroatien eine enge, staatsrechtliche Beziehung, eine Art Personalunion, die über acht Jahrhunderte bestehen blieb und für beide Länder gegenüber äußeren Feinden, vor allem später im Kampf gegen die Türken, nützlich war. Nach dem 15. Jahrhundert war gerade Kroatien jene südslawische Provinz, die nicht völlig in die Hände der Türken fiel.

Die letzten Jahre König Ladislaus' wurden von der Sorge um die Thronfolge getrübt. Er hatte keinen Sohn; seine einzige Tochter Piroska wurde später die Gemahlin des byzantinischen Kaisers. Ladislaus wollte von den Söhnen seines Bruders Géza nicht Álmos, sondern dessen älteren Bruder Koloman als seinen Erben, dieser war aber Priester geworden und zu jener Zeit bereits Weihbischof des von Ladislaus gegründeten Sprengels Großwardein. Dennoch erklärte Ladislaus vor seinem Tod Koloman zu seinem Erben. Der Tod ereilte ihn im fernen Mähren; begraben wurde er in seiner Lieblingsstadt Großwardein, wo seine berühmte Reiterstatue aufgestellt und er 1192 auch heiliggesprochen wurde. Dies entsprach dem schwärmerischen Volkskult, der seine Person umgab.

Reiterbildnis Ladislaus' I. in der Augsburger Ausgabe der Thuróczy-Chronik aus dem 15. Jahrhundert.

De strigis, quae non sunt...

Mit Koloman bestieg 1095 ein Prälat und Literat den Thron Ungarns. In der Chronik steht über ihn geschrieben: „Ihn nannten die Ungarn Koloman den Bücherfreund, weil er Bücher besaß, aus denen er als Bischof die kanonischen Horen betete." Koloman war aber nicht nur auf dem ungarischen Thron eine einmalige Erscheinung in dieser Zeit. Auf einen gebildeten, belesenen König traf man auch in anderen Ländern kaum. „Koloman, der König der Ungarn", schrieb aufgrund persönlicher Bekanntschaft der zeitgenössische polnische Chronist Martinus Gallus, „ist unter allen zu seiner Zeit lebenden Königen der gebildetste in der literarischen Wissenschaft." Sogar Papst Urban II. schrieb in einem Brief an Koloman: „Uns hat Odilo, Abt von Saint Gilles, über Deine Tätigkeit, über Deine Kundigkeit in den Kirchenschriften neben Deiner hervorragenden weltlichen Tätigkeit und darüber berichtet, daß Du, was der größte Vorteil für die richterliche Gewalt ist, stark in der Wissenschaft der heiligen Kanons bist..."

Aufgrund der üblichen Vorurteile müßte man annehmen, daß der Kenner des kanonischen Rechts und Doktor der Literatur sich auf dem Gebiet des praktischen Regierens weniger bewandert zeigte. Doch die Tatsachen sprechen eine andere Sprache: Kolomans Regierungszeit war geprägt von Friedensliebe, Sparsamkeit und kluger Gerichtsbarkeit. Der 57. Paragraph seines Gesetzbuches ist weltberühmt geworden: „De strigis, quae non sunt, nulla questio fiat." (In Hexenangelegenheiten geschehe, da es solche nicht gibt, keine Untersuchung.) Dabei äußerte sich der gebildete König nicht über alle Arten von Hexen so, sondern nur über die *striga,* das heißt die „sich verwandelnden Hexen", deren Verfolgung allgemein üblich war.

Ein bedeutendes Ereignis während der Regierungszeit König Kolomans war der erste Kreuzzug. Fast das ganze Kreuzfahrerheer zog durch Ungarn nach Byzanz und von dort ins Heilige Land. Den ersten Kreuzzug verkündete Papst Urban II. im Jahr 1095. Infolge des Vordringens der Seldschuken war der Nahe Osten zu einem gefährlichen Gebiet geworden, sogar Byzanz war bedroht. Der Handel und selbst die fromme Wallfahrt wurden eingestellt, war doch das Heilige Land ebenfalls zum Schauplatz der arabisch-seldschukischen Kriege geworden. Papst Urban war der Meinung, daß sich die Gelegenheit bieten würde, den Frieden mit der Ostkirche wiederherzustellen, da an dem von ihm verkündeten Kreuzzug die Heere der europäischen christlichen Herrscher teilnehmen würden und dieser Krieg gegen die Feinde des gesamten Christentums geführt werde.

Die meisten der ersten Kreuzfahrer waren aber keine disziplinierten Soldaten, sondern zusammengerottete Landstreicher, die die Beute des reichen Orients anlockte und die schon im christlichen Europa ihre Raubgier nicht im Zaum halten konnten. Sie ermordeten oder raubten die jüdische Bevölkerung in den Städten des Rheinlands, Sachsens und Böhmens aus und plünderten auch in jenen Provinzen, durch die sie ihr Weg führte.

Ihre erste Truppe, die Ritter Walter Sansavoir durch Ungarn führte, erreichte von der Westgrenze auf dem vorgeschriebenen Weg in drei Wochen die Save, überquerte den Fluß und setzte den Weg auf byzantinischem Boden fort. Die zweite Truppe dagegen stürmte die an der Savemündung stehende Burg Zimony (heute Zemun, Jugoslawien), vernichtete deren Verteidiger und plünderte die Burg aus. Sie floh, als Kolomans Truppen nahten. Jetzt begnügte sich der König nicht mehr mit der Festlegung des Weges für die Kreuzfahrer; er ließ sein eigenes Heer ihre Truppen begleiten und im Falle einer Ruhestörung dazwischentreten. So zersprengte es bei Neutra das 12 000 Mann starke Heer Folkmars und später die noch zahlreicheren Truppen des Priesters Gottschalk nördlich des Plattensees. Das zusammengewürfelte Heer des berüchtigten Grafen Emich trieben Kolomans Truppen völlig auseinander, als es versuchte, mit Gewalt den Grenzschutz zu durchbrechen.

Die aus dieser Schlacht nach Hause Entkommenen brachten den ungarischen König natürlich in schlechten Ruf, doch das von Gottfried von Bouillon angeführte disziplinierte 40 000 Mann starke Hauptheer zog ungestört durch das Land, nachdem sich Koloman und Gottfried bei einem persönlichen Treffen in Sopron (Ödenburg) an der Westgrenze über die Bedingungen geeinigt hatten. Die Kreuzfahrer konnten sich nicht nur vom Reichtum des Landes überzeugen, sondern auch von seiner ausgezeichneten Organisation, von der Zentralmacht des Königs und dem großen Einfluß der Kirche.

Koloman sympathisierte als hochgestellte kirchliche Persönlichkeit natürlich im Kampf gegen das Kaisertum eher mit dem Papst, doch achtete er auf äußerst diplomatische Weise auch darauf, mit Kaiser Heinrich IV. das gutnachbarliche Verhältnis aufrechtzuerhalten. Er hatte auch allen Grund dazu: Sein jüngerer Bruder Álmos, den Ladislaus' Entscheidung des Thrones beraubt hatte, suchte von Zeit zu Zeit eifrig nach Verbündeten für seine Thronansprüche. Koloman übergab den *dukatus,* die dem Thronfolger zustehende Provinz, seinem Bruder in der Hoffnung, seinen Ehrgeiz dadurch zu stillen, doch sicher konnte er damit nicht rechnen. Der machthungrige Álmos war sogar geneigt, mit der Waffe gegen seinen Bruder zu kämpfen, doch das verhinderten seine Hauptleute.

In der Außenpolitik Kolomans spielten Kroatien und Dalmatien die Hauptrolle. Als König von Kroatien war es sein natürliches Bestreben, die dalmatinischen Städte, welche mit Kroatien enge wirtschaftliche und kulturelle Beziehungen unterhielten, in seinen Besitz zu bekommen. Das Interesse der italienischsprechenden Bevölkerung dieser Städte wies eben-

Meisterhafte Herme für die Kopfreliquie Ladislaus' I. des Heiligen. Anfang des 15. Jh.s.

Korpus aus der zweiten Hälfte des 11. Jahrhunderts.

falls in diese Richtung: Venedig war nicht nur Herr über die Schiffahrt und Handel betreibenden Städte, sondern auch ihr Konkurrent, der seine Macht natürlich dazu benutzte, sich die wichtigsten Handelsbeziehungen vorzubehalten und die Dalmatiner auch durch Steuern zu belasten. Auf der Höhe seiner Macht verletzte Venedig auch die Interessen von Byzanz immer öfter. Ein dynastisches Familienereignis half, die Fronten zu klären: Alexios I. Komnenos ersuchte für seinen Sohn Johannes (den „Schönen") um die Hand der Tochter König Ladislaus', Piroska. 1104 wurde die Ehe geschlossen, und Piroska erhielt in Byzanz den Namen Eirene. Von da an half die wohlwollende Unterstützung durch Byzanz Koloman bei seiner Politik im Süden. Bereits im nächsten Jahr besetzte er Zadar (Zára), die wichtigste Hafenstadt in Dalmatien. Koloman bewies sogleich, daß er die Stadt tatsächlich bereichern wollte, wie er es ihren Bürgern versprochen hatte. Er ließ zu einer Klosterkirche einen Glockenturm bauen und in dessen Mauer folgende Inschrift meißeln: „Im Jahre 1105 nach der Geburt Jesu Christi, unseres Herrn, hat Koloman, König von Ungarn, Dalmatien und Kroatien, nach dem von Gott erhaltenen Sieg als Lohn des Friedens, in Zadar einziehend, diesen Turm auf eigene Kosten für die Jungfrau Maria bauen lassen."

Die Eroberung Dalmatiens war bald abgeschlossen. Auch Papst Paschalis II. anerkannte Kolomans Eroberungen in Dalmatien, allerdings mußte Koloman als Gegenleistung feierlich der Investitur entsagen, die die ungarischen Könige als Nachfolger von Stephan dem Heiligen, der das Apostolat und das doppelte Kreuz vom Papst erhalten hatte, in ihrem Reich ausübten. (Später übten die ungarischen Könige erneut ihre apostolischen Rechte aus, die dann auch die Habsburger erbten.)

Von Koloman erhielten die dalmatinischen Städte Rechte, von denen sie unter der Herrschaft Venedigs nicht einmal hatten träumen können: so die vollkommene Steuerfreiheit und das Privileg, nur zwei Drittel der Zölle zu zahlen. Ferner verfügten sie über freie Richter- und Bischofswahl. Venedig erkannte die neue Lage jedoch nicht an und versuchte auf diplomatischem und militärischem Weg Dalmatien zurückzuerobern.

Es ist der friedlichen Politik, der durch mildere Gesetze geregelten Rechtsordnung Kolomans und dem Reichtum des Landes zu verdanken, daß sich Ende des 11. und Anfang des 12. Jahrhunderts aus nahen und fernen Gegenden vielerlei Volk, Ansiedler und *hospes* (Gäste) im Lande niederließen. Traditionelle Gäste waren die Ismaeliten genannten Moslems, die den Handel mit Mittelasien und dem Nahen Osten in der Hand hatten, sie übten aber auch noch andere Tätigkeiten in Verbindung mit Geldgeschäften aus (z. B. Münzprägung). Wegen der Judenverfolgungen in West- und Mitteleuropa während des ersten Kreuzzuges zogen viele jüdische Familien nach Ungarn und Polen. Koloman wollte die Assimilation der schon länger hier ansässigen Ismaeliten fördern: Er achtete darauf, daß die Getauften ihre moslemische Lebensweise aufgaben. Er schrieb vor, bei Festessen Schweinefleisch zu genießen, sich der rituellen Waschung zu enthalten, nicht untereinander zu heiraten, ja er verpflichtete sie sogar zum Bau von Kirchen.

Bei den Juden begnügte sich das Gesetz damit, ihre Ansiedlung auf Bischofssitze zu beschränken. Sie konnten sogar – abweichend von anderen Ländern – Besitz erwerben, doch durften ihre Diener und Bediensteten nur Heiden, keine Christen sein. Ihren – der eigenen Religion entsprechenden – Schwur nahmen die Richter an, sie regelten den Handel mit ihnen, ja sie schrieben auch vor, daß die Juden bei einem Geschäft von mehr als drei Pensa (der Preis von etwa drei Ochsen) ein Schreiben mit Siegel *(cartula sigillata)* anfertigen mußten.

Eine viel größere Zahl von Ansiedlern traf aber aus den Nachbarländern ein, die von zahlreichen Kriegen heimgesucht worden waren. Neben bayerischen, sächsischen, in kleinerer Zahl „lateinischen" (italienischen, französischen) Ansiedlern kamen in Scharen Böhmen und Ostslawen ins Land, teils gerufen, teils aber als Flüchtlinge aus ihrer vom Krieg bedrohten Heimat. Auf slawischem Gebiet war es damals Sitte, die in wirren Zeiten gemachten Gefangenen als Sklaven zu verkaufen, während die ungarischen Gesetze weder den Verkauf von Dienern noch von Halbfreien ins Ausland gestatteten. Im Gegenteil, zu ihrem Schutz ordnete Kolomans Gesetz an: „Freie und Gäste, wie Slawen und andere Ausländer, die auf fremdem Boden arbeiten, haben für ihre Freiheit nur die [acht] Denarsteuer zu zahlen." Diese außergewöhnliche Vergünstigung verfolgte natürlich den Zweck, Ansiedler in die noch unbewohnten Gegenden zu locken. Und diese Absicht hatte Erfolg.

Die Herrschaft Kolomans wurde von der ihm aufgezwungenen Rivalität mit seinem jüngeren Bruder Álmos überschattet. Als er seinen Tod nahen fühlte, wollte er die Position seines minderjährigen Sohnes und Erben Stephan dadurch sichern, daß er Álmos und dessen Sohn Béla blenden ließ. Das Schicksal wollte es aber, daß sein Sohn Stephan II. jung und ohne Erben starb. Und so bestieg Béla als Béla II. der Blinde den Thron. Unter ihm und seinen Nachfolgern sorgten die dem Hof treu ergebenen Chronisten dann dafür, daß die Nachwelt Koloman in schlechter Erinnerung behielt. Seine wahre Bedeutung konnte erst die Geschichtsschreibung der Neuzeit klären.

Machtstreitigkeiten und Bereicherung

Bei den Königen aus dem Haus der Arpaden scheint die bizarre Gesetzmäßigkeit zuzutreffen, wonach immer die Abkömmlinge desjenigen die Dynastie fortführten, den das Schicksal um den Besitz des Thrones gebracht hatte.

Nach dem Tod von Kolomans Sohn sicherten der geblendete Béla und seine Nachkommen dem Haus der Arpaden die Erbfolge. Béla II. (1131–1141) festigte seine Macht mit einer in der ungarischen Geschichte denkwürdigen blutigen Tat: Er berief den Landtag nach Arad ein, wo auf Aufforderung seiner Gemahlin, der kämpferischen Ilona, die Anhänger des Königs jene Vornehmen niedermetzelten, die an der Blendung des Königs für schuldig gehalten wurden – insgesamt 68 Hochadlige.

Natürlich versuchte jeder, der am Kampf um den Thron interessiert war, einen ausländischen Schirmherrn zu finden, und für diese Schirmherrschaft – die selten etwas taugte – mußte gezahlt werden. Boris, der uneheliche Sohn der Gemahlin Kolomans, brach mit russischen und polnischen Truppen ins Land ein, nach seiner Niederlage versuchte er es mit deutschen und österreichischen Söldnern. Später paktierte er mit Byzanz. Kompliziert wurde die Sache dadurch, daß die ungarischen Könige ihrerseits deutsche, böhmische, polnische, byzantinische und russische Thronprätendenten unterstützten. 1152 kam ein neuer König auf den deutschen Thron, der spätere römisch-deutsche Kaiser Friedrich I. Barbarossa, der plante, Ungarn zu seinem Vasallen zu machen. Mit wechselndem Erfolg wurde mit Venedig um die dalmatinischen Städte gekämpft, besonders um den Besitz des reichen Zára. Das alles erlegte dem Volk ungeheure Lasten auf,

Prozessionskreuz. 12. Jh.

Feingearbeitetes Prozessionskreuz. 12. Jh.

Dieses Rauchgefäß aus dem 12. Jahrhundert wurde im Stil der Goldschmiedekunst vor der Landnahme angefertigt.

Kreuzsockel. Die Rankenverzierung mit dem Greifvogel setzt die Traditionen der Steppenkunst vor der Landnahme fort. 12. Jh.

Aquamanile mit der Darstellung eines ungarischen Reiters. 12. Jh.

denn die Schatzkammer der Könige war immer leer.

Diese Periode war aber auch die Zeit der raschen Entwicklung des Landes. Die unbesiedelten Flecken verschwanden, und es gab immer weniger unbebauten Boden. Die Mönchsorden gründeten neue Abteien, auch neue Orden ließen sich im Land nieder, so z. B. die Zisterzienser. Durch ihre Vermittlung gelangten die Bauern zu intensiverer Bodenbearbeitung; die Städte wuchsen und damit auch das Angebot an Waren.

Der Wunsch nach Vermehrung des Vermögens verwandelte die Grundbesitzungen der Klöster in für den Markt produzierende Güter. Die Lasten, vor allem der hiermit verbundene Transport, wurden dem Dienstvolk auferlegt. Die Fronbauern fuhren wochenlang mit ihren Gespannen auf den schlechten Straßen, während sie ihre eigene Arbeit daheim vernachlässigen mußten. Sie hatten das Gefühl, ihre Lage habe sich verschlechtert, voller Wehmut dachten sie an die sich in der Rückschau verklärende „gute alte Zeit". Ihre Ahnen erschienen ihnen freier, da sie die Lasten der neueren Zeit nicht bedrückt hatten, und von wem sonst hätten einst jene ihre Freiheit erhalten, wenn nicht von dem heiligen König Stephan, der jetzt schon als Quell aller Freiheit galt? Sie baten also darum, die von ihm stammenden Privilegien und die Freiheit wiederherzustellen. Bis zum 15. Jahrhundert war dies die Hauptlosung, die jeder verkündete, der sein Schicksal verbessern wollte.

Ab dem 11. Jahrhundert wurde die Verbindung des Landes mit den nahen und fernen europäischen Königreichen immer intensiver. Von Flandern bis Mittelasien reisten Fernhändler. Sie brachten Pelze, Luxusartikel und Tuch ins Land und erwarben hier Silber, Gold, Pferde und Schlachtvieh. Bei ihrem Durchzug lernten Zehntausende der Kreuzfahrer mit eigenen Augen dieses für damalige Verhältnisse wahrhaft große Land kennen. Aber auch einige Reisende kamen hierher, z. B. der Araber Abu Hamid aus Granada, der in seinem Bericht den Reichtum des Landes hervorhob. Er besuchte Ungarn Mitte des 12. Jahrhunderts, zur Regierungszeit Gézas II., und erzählte unter anderem, daß man für einen Denar zwanzig Stück Kleinvieh oder dreißig Schafe und Ziegen erhalten konnte. Für einen halben Denar (das kleinste geprägte Geld) hatte er zwei Krüge Honig und Wachs gekauft. Er reihte Ungarn unter die Länder mit dem größten Wohlstand.

1146 überfiel der Babenberger Heinrich II. Jasomirgott, österreichischer Markgraf und damals auch Herzog von Bayern, mit einem gewaltigen Heer König Géza II.: In der Schlacht an der Leitha schlugen die ungarischen Heere die geharnischten deutschen Reiter in die Flucht und metzelten viele nieder. Im nächsten Jahr herrschte in den christlichen Ländern Europas bereits Frieden, denn der zweite Kreuzzug drängte die Feindseligkeiten in den Hintergrund. Mit den Kreuzheeren zog auch Bischof Otto von Freising durch das Land. Bischof Otto war Heinrich Jasomirgotts jüngerer Bruder (Sohn jenes Leopold III. von Österreich, der später gerade während der Herrschaft des ungarischen Königs Matthias über Wien heiliggesprochen wurde) und nicht gerade ein Freund der Ungarn. Die Niederlage seines Bruders – die er in seiner Chronik verewigte – machte ihn den Ungarn gegenüber voreingenommen. Entsprechend der Sitte seiner Zeit beschrieb er den Feind als teuflisch, auch um damit der Niederlage seines Bruders die Bedeutung zu nehmen. In seinem Bericht verheimlichte er aber auch nicht seine Bewunderung für manche ungarischen Sitten: „Dieses Land, das überall von Bergen und Wäldern umgeben wird, hieß früher Pannonien. In seinem Innern breitet sich eine große Ebene aus, die von vielen Flüssen bewässert wird, und eine wildreiche Waldung bedeckt es. Die von Natur aus so angenehme und schöne Erde ist so reich, daß sie fast mit Gottes Paradies oder mit Ägypten verglichen werden kann. Die Natur hat das Land mit hervorragender Schönheit beschenkt, doch die barbarischen Völker schmücken ihrem Brauch nach kaum die Gebäude, die Grenzen werden eher durch große Flüsse als durch

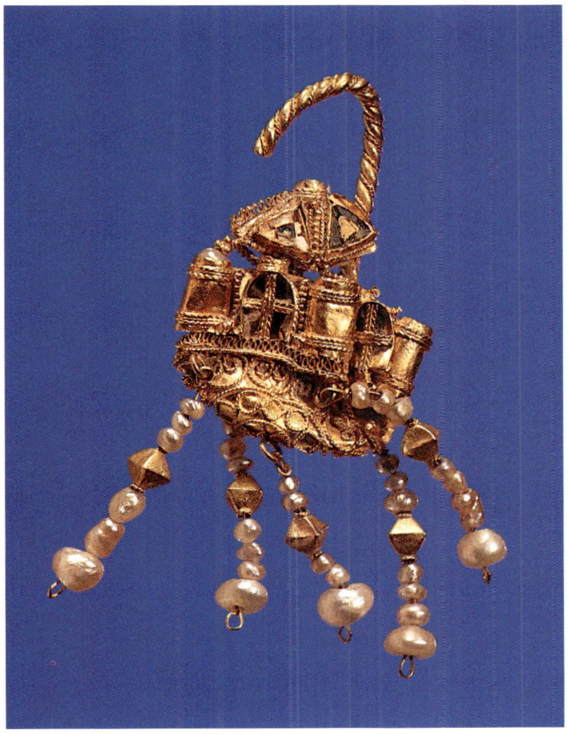

Das Ohrgehänge aus dem 12. Jahrhundert weist ein Kreuz auf.

Dieses feingearbeitete Armband mit Zellenschmelzemail stammt aus dem 12. Jahrhundert und gibt einen Begriff von der damaligen Goldschmiedekunst.

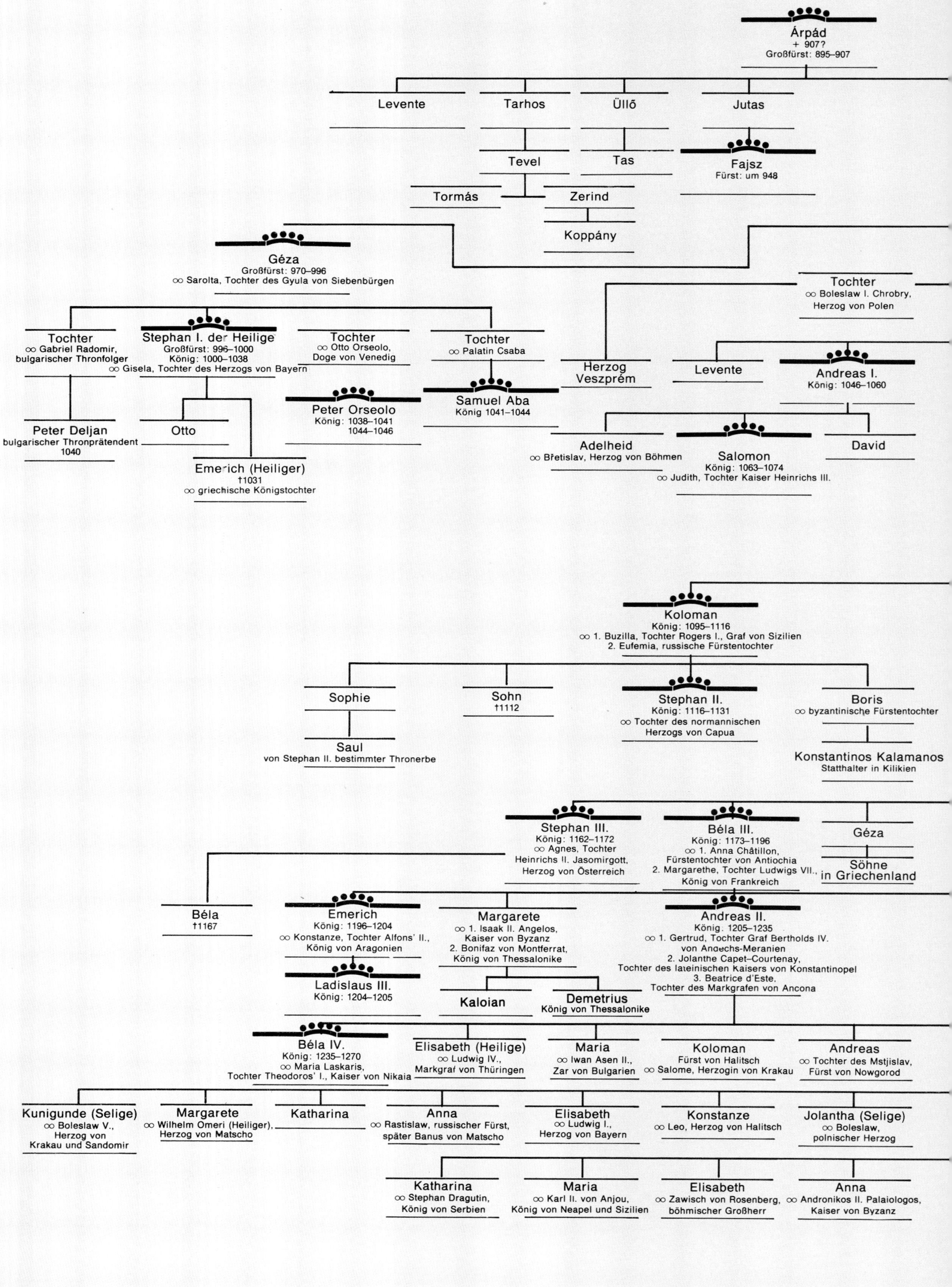

Árpád
+ 907?
Großfürst: 895–907
Levente
Tarhos
Üllő
Jutas
Tevel
Tas
Fajsz
Fürst: um 948
Tormás
Zerind
Koppány
Géza
Großfürst: 970–996
∞ Sarolta, Tochter des Gyula von Siebenbürgen
Tochter
∞ Boleslaw I. Chrobry, Herzog von Polen
Tochter
∞ Gabriel Radomir, bulgarischer Thronfolger
Stephan I. der Heilige
Großfürst: 996–1000
König: 1000–1038
∞ Gisela, Tochter des Herzogs von Bayern
Tochter
∞ Otto Orseolo, Doge von Venedig
Tochter
∞ Palatin Csaba
Herzog Veszprém
Levente
Andreas I.
König: 1046–1060
Peter Orseolo
König: 1038–1041
1044–1046
Samuel Aba
König 1041–1044
Peter Deljan
bulgarischer Thronprätendent
1040
Otto
Emerich (Heiliger)
†1031
∞ griechische Königstochter
Adelheid
∞ Břetislav, Herzog von Böhmen
Salomon
König: 1063–1074
∞ Judith, Tochter Kaiser Heinrichs III.
David
Koloman
König: 1095–1116
∞ 1. Buzilla, Tochter Rogers I., Graf von Sizilien
2. Eufemia, russische Fürstentochter
Sophie
Sohn
†1112
Stephan II.
König: 1116–1131
∞ Tochter des normannischen Herzogs von Capua
Boris
∞ byzantinische Fürstentochter
Saul
von Stephan II. bestimmter Thronerbe
Konstantinos Kalamanos
Statthalter in Kilikien
Stephan III.
König: 1162–1172
∞ Agnes, Tochter Heinrichs II. Jasomirgott, Herzog von Österreich
Béla III.
König: 1173–1196
∞ 1. Anna Châtillon, Fürstentochter von Antiochia
2. Margarethe, Tochter Ludwigs VII., König von Frankreich
Géza
Söhne in Griechenland
Béla
†1167
Emerich
König: 1196–1204
∞ Konstanze, Tochter Alfons' II., König von Aragonien
Margarete
∞ 1. Isaak II. Angelos, Kaiser von Byzanz
2. Bonifaz von Montferrat, König von Thessalonike
Andreas II.
König: 1205–1235
∞ 1. Gertrud, Tochter Graf Bertholds IV. von Andechs-Meranien
2. Jolanthe Capet–Courtenay, Tochter des lateinischen Kaisers von Konstantinopel
3. Beatrice d'Este, Tochter des Markgrafen von Ancona
Ladislaus III.
König: 1204–1205
Kaloian
Demetrius
König von Thessalonike
Béla IV.
König: 1235–1270
∞ Maria Laskaris, Tochter Theodoros' I., Kaiser von Nikaia
Elisabeth (Heilige)
∞ Ludwig IV., Markgraf von Thüringen
Maria
∞ Iwan Asen II., Zar von Bulgarien
Koloman
Fürst von Halitsch
∞ Salome, Herzogin von Krakau
Andreas
∞ Tochter des Mstjislav, Fürst von Nowgorod
Kunigunde (Selige)
∞ Boleslaw V., Herzog von Krakau und Sandomir
Margarete
∞ Wilhelm Omeri (Heiliger), Herzog von Matscho
Katharina
Anna
∞ Rastislaw, russischer Fürst, später Banus von Matscho
Elisabeth
∞ Ludwig I., Herzog von Bayern
Konstanze
∞ Leo, Herzog von Halitsch
Jolantha (Selige)
∞ Boleslaw, polnischer Herzog
Katharina
∞ Stephan Dragutin, König von Serbien
Maria
∞ Karl II. von Anjou, König von Neapel und Sizilien
Elisabeth
∞ Zawisch von Rosenberg, böhmischer Großherr
Anna
∞ Andronikos II. Palaiologos, Kaiser von Byzanz

Stammbaum der Arpaden

(Die Zahlen 1 bzw. 2 vor den Namen weisen auf die erste bzw. zweite Ehe hin.)

Solt

Taksony
955–970
∞ petschenegische Fürstentochter

Michael (Béla?)
∞ bulgarische Fürstentochter?

Vazul
∞ Frau aus dem Tátonygeschlecht?

„Szár" Ladislaus

Bonuslo

Béla I.
König: 1060–1063

Géza I.
König: 1074–1077
∞ Synadene,
byzantinische Fürstentochter

Ladislaus I. der Heilige
König: 1077–1095
∞ Adelheid, Tochter
des deutschen Gegenkaisers

Lampert

Sophie
∞ 1. Ulrich von Weimar,
Markgraf von Istrien
2. Magnus,
Herzog von Sachsen

Eufemia
∞ Otto I.,
Herzog von Mähren

Ilona
∞ Swojnimir,
König von Kroatien

Tochter
∞ Lampert
aus dem Geschlecht
der Hont–Pázmány

Piroska
in Byzanz: Eirene (Heilige)
∞ Johannes II. Komnenos, Kaiser von Byzanz

Herzog Álmos
∞ Predslawa, russische Fürstin (?)

Adelheid
∞ Sobieslaw I.,
Herzog von Böhmen

Hedwig
∞ Adalbert, Sohn Leopolds III.,
Markgraf von Österreich

Béla II. der Blinde
König: 1131–1141
∞ Ilona, Tochter des serbischen Großfürsten (Schupan)

Géza II.
König: 1141–1162
∞ Eufrosine, Tochter des Großfürsten von Kiew

Ladislaus II.
Gegenkönig: 1162–1163

Stephan IV.
Gegenkönig: 1163–1165

Álmos

Sophie
Nonne in Admont

Gertrud
∞ Mesko, polnischer Fürst

Árpád

Elisabeth
∞ Friedrich,
Herzog von Böhmen

Odola
∞ Swatopluk,
Herzog von Böhmen

Ilona
(in Österreich: Helene)
∞ Leopold V., Herzog von Österreich

? Mária
∞ Niccolo, Sohn des Vitale Michiele II.,
Doge von Venedig

Konstanze
∞ Ottokar I., König von Böhmen

Jolantha
∞ Jakob I., König von Aragonien

Stephan
∞ Thomasina Morosini

Stephan V.
König: 1270–1272
∞ Elisabeth,
kumanische Fürstentochter

Margarete (Heilige)
Dominikanernonne

Andreas III.
König: 1290–1301
∞ 1. Fennena, polnische Fürstentochter
2. Agnes, Tochter Albrechts I.,
Herzog von Österreich, deutscher König

Ladislaus IV. der Kumane
König: 1272–1290
∞ Isabella von Anjou,
Tochter Karls I.,
König von Neapel und Sizilien

Andreas
Herzog von Slawonien

Elisabeth (Selige)
Nonne (Töss, Schweiz)

Berge und Wälder gekennzeichnet. Im Osten, wo die berühmte Save in die Donau fließt, grenzt es an Bulgarien; im Westen an Mähren und an die östliche Markgrafschaft der Deutschen [Österreich], im Süden an Kroatien, Dalmatien, Istrien und Kärnten, im Norden an Böhmen, Polen und Rußland. Südöstlich liegt Rama, nordöstlich das Land der Petschenegen und Kumanen, das zum Jagen geeignet, vom Pflug aber kaum berührt ist. Von seiten der Barbaren erlitt es viele Angriffe, kein Wunder, daß seine Sprache und Moral grob und rauh geblieben sind. Zuerst überfluteten es die Hunnen, die nach Jordanes von Hexen abstammten, dann besetzten es die von rohem Fleisch lebenden Awaren, bis es schließlich in den Besitz der aus Skythien stammenden Magyaren gelangte, die es auch gegenwärtig bewohnen. Diese Ungarn haben kein schönes Gesicht, ihre Augen liegen tief, ihre Gestalt ist untersetzt, Sprache und Moral sind barbarisch, so daß wir dem Schicksal die Schuld dafür zuschreiben oder die göttliche Geduld bewundern müssen, daß es diesen eher Ungeheuern als Menschen Ähnelnden so ein herrliches Land gegeben hat.

In einem aber ahmen sie doch die Sorgfalt der Griechen nach: Wichtige Dinge beginnen sie nicht, ohne sich vorher lange und gründlich zu beraten. Ihre dörflichen Unterkünfte sind erbärmlich: Sie sind aus Schilf, selten aus Holz und noch viel seltener aus Stein gebaut, im Sommer und Herbst wohnen sie in Zelten. Die Vornehmen nehmen ihre Stühle mit an den königlichen Hof, wo sie ständig über öffentliche Angelegenheiten verhandeln und diskutieren, im Winter tun sie das gleiche in ihren Unterkünften. Sie sind ihrem Fürsten so gefügig, daß sie es sogar für eine Sünde halten, ihn im geheimen, flüsternd zu beleidigen. Ihn mit offener Widerrede zu verbittern, davon kann gar keine Rede sein. Das Land ist in siebzig oder noch mehr Komitate aufgeteilt, aber zwei Drittel jeder Geldstrafe steht der königlichen Schatzkammer zu, nur ein Drittel dem Gespan. Auf einem so großen Gebiet wagt außer dem König niemand Münzen zu prägen noch Zoll zu erheben. Wenn jedoch ein Gespan in einer noch so kleinen Angelegenheit den König verletzt, kann ihn jeder gewöhnliche Büttel, den der Hof zu ihm schickt, allein ergreifen, in Fesseln schlagen und sogar martern, selbst wenn den Gespan seine Bewaffneten umgeben. Grund genug dafür ist der Wille des Königs, nicht so wie bei uns, wo Gleichgestellte vom König ein Urteil erbitten.

Zieht der König in den Krieg, folgen ihm alle ohne Widerspruch. Von den Dorfbewohnern schicken neun den Zehnten oder sieben den Achten – im Notfall noch mehr – mit voller Ausrüstung in den Krieg. Die Daheimgebliebenen bestellen den Boden. Einen Angehörigen des Heldenordens kann nur ein sehr triftiger Grund davon abhalten, in den Krieg zu ziehen. Die Person des Königs umgeben Ausländer, es sind ihrer viele, und man nennt sie Höflinge. Nur seine Höflinge und die Fremden ahmen unsere Kriegführung und unsere glanzvolle Ausrüstung nach."

Diese Beschreibung enthält sehr genaue Beobachtungen, als moralische Mahnung gedachte Übertreibungen und in nicht geringem Maße auch Schmähungen, typisch für die Voreingenommenheit des Gegners. Vom Deutschen Reich aus gesehen erschien das Land, dessen von König Stephan eingerichtete Zentralmacht bis zur Mitte des 12. Jahrhunderts noch nicht durch übertriebene Bodenschenkungen geschwächt worden war, politisch tatsächlich gesünder. Das Land war nicht in selbständige (z. B. Münzen prägende) Provinzen zerfallen, und die Gespane waren Beamte des Königs, nicht eigenständige Potentaten. Während der Thronstreitigkeiten war jedoch das Ansehen des Königs stark gesunken, und die übertriebenen Lobeshymnen spielten die gleiche Rolle wie in Rom, z. B. in der *Germania* des Tacitus, das Lob der germanischen öffentlichen Moral. Als Gegengewicht wurden das Aussehen und die Sprache der Ungarn geschmälert; das war im Mittelalter fremden Völkern gegenüber so üblich. Die ungarische *Bilderchronik* (14. Jahrhundert) z. B. schreibt von den Deutschen, daß sie „wie Raubtiere brüllen", die Italiener dagegen „wie Schwalben zwitschern" ... Es beweist den Scharfblick des Beobachters, daß die Ungarn im Sommer, wenn sie ihr Vieh auf entferntere, brachliegende Weiden trieben, in Zelten neben der Weide wohnten. Das Winterquartier der Dorfbewohner war, wie auch die Ausgrabungen zeigen, zu jener Zeit tatsächlich recht ärmlich: halb in die Erde gegrabene Hütten mit kleiner Grundfläche und offener Feuerstelle, innen vom Rauch schwarz gefärbte einräumige Bauernhäuser, eine Art „tschornaja isba" (schwarze Stube), wie sie noch Mitte unseres Jahrhunderts auf südslawischem Gebiet zu sehen war. Von einfachen Gebäuden kann man aber nur auf dem Land sprechen; von den Gespansitzen und den städtischen Häusern, von öffentlichen Gebäuden und Kirchen kann das hingegen nicht gesagt werden, wie die erhalten gebliebenen Gebäude im romanischen Stil beweisen.

Ein Zeuge der byzantinisch-ungarischen Beziehungen: die Krone des Monomachos, die aus Platten mit Emailbildern besteht und in Ungarn gefunden wurde.

Beinahe Kaiser von Byzanz

Mittlere Platte der Krone mit der Abbildung des byzantinischen Kaisers Konstantin IX. Monomachos.

Die fünfziger Jahre des 12. Jahrhunderts brachten im Leben der Ungarn und ihrer Nachbarn bedeutende Veränderungen. Nach den Feldzügen Gézas II. gegen den byzantinischen Kaiser, die von wechselndem Erfolg begleitet waren, kam es 1155 zum Friedensschluß: Kaiser Manuel I. wurde von der Rivalität um den Besitz Italiens mit Friedrich Barbarossa völlig in Anspruch genommen. Im Jahr zuvor war Gézas Schwager Isjaslaw, der Fürst der Kiewer Rus, gestorben, der im Kampf gegen den Fürsten von Halitsch (Galizien), Wladimirko, oftmals die Hilfe des ungarischen Herrschers erbeten hatte. Von nun an hütete sich Géza, in die Zwistigkeiten der russischen Fürstentümer einzugreifen.

Kaiser Friedrich I. machte die Mark Österreich Heinrichs II. Jasomirgott zu einem selbständigen Herzogtum, dafür verzichtete Heinrich auf das Herzogtum Bayern; das markiert den Beginn der Geschichte des selbständigen Österreichs. Géza festigte sein Bündnis mit dem normannischen König Wilhelm I. von Sizilien, der der Rivale von Byzanz und gleichzeitig ein Feind des römisch-deutschen Kaisers war. Auch mit dem Böhmenkönig Wladislaw II. pflegte Géza gute Beziehungen, die durch die Ehe seiner Tochter mit dem Sohn des böhmischen Königs noch gefestigt wurden. Obwohl Gézas Verhältnis zum Reich nun harmonisch war, unterstützte er später jenen Papst Alexander III., gegen den Friedrich Barbarossa auftrat, und so fand er eine gemeinsame Basis mit dem französischen König Ludwig VII., der Alexander unterstützte.

Die auch durch diplomatische Anstrengungen gesicherte innere Entwicklung wurde jedoch nach Gézas Tod im Jahr 1162 wieder durch Thronwirren gestört. Stephan III., der Enkel Bélas II., stützte sich auf seine Popularität in der Heimat, sein Onkel, genannt Stephan IV., auf byzantinische Hilfe.

Als Kaiser Manuel sah, daß er wegen des Widerstandes von seiten der ungarischen Herren den von ihm unterstützten Thronprätendenten nicht auf den ungarischen Thron setzen konnte, versuchte er seine Pläne bezüglich Ungarns auf andere Weise zu verwirklichen. Er schickte seinen Vertrauten Georgios Palaiologos zu Stephan III. mit dem Vorschlag, der

Zwei Nebenfiguren auf der Krone.

Das Thronsiegel Bélas III.: Den Regeln der Kunstgattung entsprechend stellt es den Herrscher in vollem Ornat auf dem Thron dar.

jüngere Bruder des Königs, Béla, solle mit seiner Tochter Maria verlobt werden, und der ungarische Herzog solle zusammen mit den ihm schon früher zugedachten Herzogtümern Kroatien und Dalmatien zu Byzanz gehören. Und so geschah es auch: Béla nahm in Byzanz den Namen Alexios an, für ihn kreierte der Kaiser den Rang eines Despoten, wodurch er zum zweiten Mann im Reich gemacht wurde.

Doch das ungarisch-byzantinische Einvernehmen konnte auch dadurch nicht endgültig hergestellt werden, vor allem deshalb nicht, weil Stephan III. nicht gewillt war, der ungarischen Oberhoheit über Kroatien und Dalmatien zu entsagen. Der byzantinische Kaiser unternahm einen Feldzug gegen Ungarn, er nahm nicht nur den Thronprätendenten Stephan IV., der in der Heimat immer unbeliebter wurde, mit sich, sondern auch den jungen Alexios-Béla. Der Feldzug mißlang jedoch. 1164 starb Stephan IV., Stephan III. verzichtete auf Dalmatien und Syrmien längs der Save und schloß mit Manuel einen Ausgleich. Nach einem erneuten Versuch gab Manuel seinen Plan auf, Ungarn zu seinem Vasallen zu machen.

Ein bemerkenswerter Faktor der Niederlage Byzanz' war, daß (während die griechisch-orthodoxen Elemente im südlichen Teil Ungarns für Kaiser Manuel einstanden) die den Großteil der Landesbevölkerung ausmachenden Katholiken der Herrschaft des „Schismas" abgeneigt waren.

Unterdessen nahm in Byzanz das Leben von Alexios-Béla neuerlich eine Wende. Der Kaiser, der keinen männlichen Erben hatte, erklärte 1165 Béla, den Verlobten seiner Tochter, zu seinem Erben. Bereits 1166 führte Alexios mit dem Kaiser und dem Patriarchen den Vorsitz in der Synode. Es gab in Byzanz aber auch eine Gegenpartei, die Manuels Vetter Andronikos Komnenos zum Erben haben wollte, weshalb der Kaiser in seiner Handlungsfreiheit eingeschränkt war. Inzwischen erhielten andere diplomatische Pläne Vorrang, und Maria wurde nun auch als Braut des wichtig gewordenen normannischen Königs Wilhelm II. von Sizilien genannt.

Dem neueren Plan Manuels entsprechend wurde Alexios-Béla mit der Schwägerin des Kaisers, Anna Châtillon von Antiochia, verheiratet. Gleichzeitig erhielt er statt der Würde eines Despoten den bescheidenen Titel eines *kaisar*. Der wahre Grund dafür war, daß dem Kaiser ein Sohn geboren worden war, dem man ebenfalls den Namen Alexios gab. Der Kaiser machte statt Béla seinen Sohn zum Erben und ließ seine Vornehmen auf diesen Erben vereidigen. 1170 setzte Béla unter eine Urkunde nicht mehr seinen byzantinischen Rang, sondern seinen ungarischen Titel: „Herzog von Ungarn, Dalmatien und Kroatien".

Unterdessen war auch das Verhältnis zwischen dem ungarischen Königreich und dem Papsttum ein anderes geworden, denn nun standen einander Stephan III. und Papst Alexander III. gegenüber. Der Papst grollte Stephan, weil dieser sich nicht den Forderungen der Kirche unterwerfen wollte. John of Salisbury und der berühmte Thomas Becket erwähnten 1167 in einem Briefwechsel, daß die Kirchenverhältnisse in Ungarn nicht der nach Papst Gregor VII. benannten Gregorianischen Kirchenreform entsprächen.

König Stephan III. übte in manchen Fällen die Investitur selbst aus, und es kam vor, daß er kirchliche Einkünfte für eigene Zwecke verwendete. Auch die Forderung nach dem Zölibat wurde nicht immer erfüllt: Es gab unter Mönchen, ja sogar unter Bischöfen Verheiratete. Schließlich entsagte der König 1169 in einem Konkordat der Investitur und sogar einem Großteil seiner Patronatsrechte über die von seinen Vorfahren gegründeten Abteien usw.

1172 starb Stephan III. ohne männliche Erben. Unter seinen drei Geschwistern war Alexios-Béla der aussichtsreichste Nachfolger. Er wurde natürlich von dem mächtigen Kaiser von Byzanz unterstützt, aber allen Anzeichen nach stellte sich ein Großteil der Gespane ebenfalls auf seine Seite. Es gelang ihm, auch die Zuneigung des Papstes zu gewinnen, und nach mehrmonatiger Verspätung setzte ihm statt des zögernden Erzbischofs von Esztergom der Erzbischof von Kalocsa mit der Genehmigung des Papstes die bereits traditionelle Krone der ungarischen Könige aufs Haupt.

Der Erzbischof von Esztergom, Lukács, vertrat die Vorrechte der Kirche viel hartnäckiger als der Papst. Er ging so weit, daß er den Erzbischof von Kalocsa, András, den Vertrauten des Papstes, exkommunizierte. Schließlich drohte ihm der Papst mit dem Bann; das früher gute Verhältnis zwischen den beiden konnte nicht mehr wiederhergestellt werden.

Mit dem verringerten Einfluß des Erzbischofs von Esztergom hing jene denkwürdige Reform zusammen, die die Regierungszeit Bélas III. (1172–1196) unvergessen macht: die Gründung der ständigen Kanzlei am Königshof. Bis zu dieser Zeit war die Herausgabe der königlichen Urkunden Aufgabe des Vorstehers der königlichen Kapelle gewesen, und dieses Amt versahen die Erzbischöfe von Esztergom.

Nach dem Tod des Erzbischofs Lukács

(1181) organisierte der König aber eine Kanzlei mit hochqualifizierten Klerikern und betraute sie mit der Herausgabe von Urkunden; später erhielten sie noch andere Aufgaben. König Béla – als ehemaliger byzantinischer Thronfolger – kannte natürlich die hochentwickelten staatlichen Einrichtungen jenes ältesten, damals bereits fast eintausendjährigen Hofes sehr gut, und das veranlaßte ihn, die aus der Zeit des Staatsgründers Stephan I. stammende einfache und undifferenzierte Organisation weiterzuentwickeln, die ja weitgehend von der Gleichheit der Stellung von Kirche und Staat sowie von der geringen Zahl an Gebildeten ausging.

Noch tiefergehend und wirkungsvoller waren Bélas Wirtschaftsreformen. Das byzantinische Beispiel mochte auchhierbei eine große Rolle gespielt haben, viel wichtiger aber war die stürmische wirtschaftliche Entwicklung des Landes. Der Geldumlauf nahm zu, und der Hof wollte auch nicht mehr wie noch vor hundert oder hundertfünfzig Jahren den Ertrag der königlichen Güter sozusagen *in natura,* von Gut zu Gut ziehend, verbrauchen. Der überwiegende Teil des Bedarfs des Hofes bestand aus Waren, die nur für Geld zu kaufen waren; doch die königlichen Güter brachten kaum Geld ein. In welche Richtung Béla die Wirtschaft entwickelte, zeigt eine Registrierung, die gegen Ende seiner Herrschaft gemacht wurde und nur in einer Abschrift aus dem 15. Jahrhundert auf uns gekommen ist. Wenn auch die zahlenmäßigen Angaben deshalb nicht ganz zuverlässig sind, so geben sie doch ein authentisches Bild von den Quellen und der Höhe des Einkommens. Demnach setzte sich Bélas Einkommen aus dem Münzgewinn, dem Salzzoll, der Steuer der siebenbürgischen *hospes* (sächsische Ansiedler), dem Grenzzoll, dem Fähr- und Marktzoll, ferner aus den abgelieferten Einnahmen des Herzogs von Slawonien und der Gespane von 72 Komitaten sowie den Geschenken der Gespane zusammen; dies alles wurde durch die Naturaleinkommen: Lebensmittel, Leinen, Pferde, Rohsilber usw., ergänzt. Ganz gleich, wie kritisch wir die Angaben betrachten, der ungarische König verfügte über bedeutende Geldeinnahmen, und zusammen mit dem Ertrag des Silberbergbaus machte ihn das zu einem der reichsten Herrscher Europas.

Die wirtschaftlichen Maßnahmen König Bélas III. ermöglichten es, von den königlichen Gütern viel freigebiger als bisher Schenkungen zu machen. Als Gegenleistung forderte er die Aufstellung von modernen, mit schweren Waffen ausgerüsteten Reitern, die er für seine Kriege benötigte; die Ausrüstung der Heere verschlang sehr viel Geld.

1180 starb der byzantinische Kaiser Manuel, Bélas Protektor und Verbündeter. Byzanz, das von Thronstreitigkeiten gespalten wurde und das von Osten her das Vordringen der Seldschuken-Türken, von Westen aber die sizilianischen Normannen bedrohten, die Thessalonike bereits besetzt hatten, war stark geschwächt. Da Béla sein Treueschwur, den er Kaiser Manuel geleistet hatte, nicht mehr band, eroberte er in kurzer Zeit die besetzten ungarischen Provinzen, vor allem die Städte Dalmatiens, zurück. Beim Eintreffen der ungarischen Truppen ging auch das im Besitz von Venedig befindliche Zára zu den Ungarn über. Dann folgte die Rückeroberung Kroatiens und Syrmiens, zusammen mit der großen Festung Belgrad. Nach den einige Jahre währenden Thronwirren bestieg Isaak II. Angelos den Thron von Byzanz. Er schloß mit dem ungarischen Herrscher

Funde aus dem Grab Bélas III. und seiner Gemahlin. Er ist der einzige nichthabsburgische ungarische Herrscher, dessen Gebeine mit Sicherheit identifiziert werden konnten.

Frieden und mit dessen Tochter eine dynastische Ehe. Die früheren ungarischen Gebiete fielen an Ungarn, die von Byzanz eroberten Gebiete (als Mitgift der ungarischen Königstochter Margarete) an Byzanz zurück.

Béla mischte sich in die Zwistigkeiten zwischen den russischen Fürstentümern ein, besetzte Halitsch und gab es seinem Sohn Andreas. Die ungarische Herrschaft verletzte jedoch die religiösen Empfindungen der griechisch-orthodoxen Bevölkerung und konnte so nicht von Dauer sein.

Unterdessen festigte Béla durch eine weitere dynastische Heirat seine Beziehungen zum Westen. Nach dem Tod seiner Gattin Anna Châtillon hielt er 1186 um die Hand der Tochter des französischen Königs Ludwig VII., Margarethe, an und ehelichte sie. Jetzt hatte er einen Verbündeten, mit dem das ohnehin geschwächte Deutsche Reich für ihn keine drohende Gefahr mehr bedeutete, und als Friedrich Barbarossa 1189 auf seinem Weg ins Heilige Land sein Zehntausende zählendes Heer durch Ungarn führte, empfing ihn Béla zuerst in Esztergom als Gast und jagte dann mit ihm auf der Donauinsel Csepel, seit Árpád Jagdgebiet der ungarischen Fürsten und Könige.

Nach einer fast ein Vierteljahrhundert währenden Regierungszeit starb Béla 1196. Unter seiner Herrschaft hatte das Land einen gewaltigen wirtschaftlichen Aufschwung genommen, die Einwohnerzahl erreichte zwei Millionen. Er hatte mit zahlreichen Ländern West- und Osteuropas gute Beziehungen aufgebaut und das Ansehen und die Grenzen des Landes gefestigt. Béla wurde in Stuhlweißenburg in der Gruft der Arpaden neben seiner Gattin Anna Châtillon beigesetzt. Ihre sterblichen Überreste sind nur aus purem Zufall der Vernichtung entgangen, als die Türken Jahrhunderte später Stuhlweißenburg besetzten (1543). Sie plünderten die Krypten, wobei die Skelette vermischt und verstümmelt wurden. Bélas unangetastetes Grab fand man erst 1848, wodurch die archäologische und anthropologische Untersuchung möglich wurde. Man fand heraus, daß Béla III. 190 cm groß und von mächtiger Gestalt gewesen war.

Veszprém: Freskenfragment mit zwei Aposteln in der nach der Königin Gisela benannten Kapelle. 13. Jh.

Die ehemalige Benediktinerabtei in Lébénymiklós. Anfang des 13. Jh.s. ◁

Der Haupteingang: Säulenportal mit reicher Bauornamentik. Im Tympanon ein Fresko mit der Anbetung der Heiligen Drei Könige.

Leichtsinniger König, ehrgeizige Gattin

Béla, der durch seine Leistungen aus dem Kreis der Zeitgenossen hervorragte, hatte zwei Söhne; hätte er nur einen gehabt, wäre die Familie mit diesem ausgestorben. So aber folgten Jahre der Zwistigkeiten: Der jüngere Sohn, Andreas, der nach dem Thron strebte, mußte warten, bis sein Bruder Emerich und dessen noch junger Sohn Ladislaus starben, damit ihm die Krone aufs Haupt gesetzt werden konnte.

War es wirklich Andreas, jetzt schon der zweite, der nach dem Thron strebte? Es gibt bestimmte Anzeichen, daß es eher seine Gattin war, Gertrud, die Tochter des Grafen Berthold IV. von Andechs-Meranien. Sie betrieb schon zu Lebzeiten König Emerichs so hartnäckig den Aufstieg ihres Gatten – seit 1197 war Andreas Herzog von Dalmatien und Kroatien –, daß der König nach einem Streit Andreas an den Hof bringen ließ, Gertrud aber geradewegs nach Hause schickte – zu ihrem Vater... Auf dem Thron saßen sie aber wieder beide gemeinsam.

Die Statue der heiligen Elisabeth von Thüringen in der Elisabethkirche in Marburg an der Lahn. ▷

Die heilige Elisabeth stammte aus dem Haus der Arpaden, sie war eine Tochter Andreas' II. Hier die Darstellung ihrer Grablegung auf ihrem Sarkophag in der Elisabethkirche.

Gertrud war eine treue Gattin und eine gute Mutter – sie gebar ihrem Gatten fünf Kinder, darunter Elisabeth, die spätere heilige Elisabeth von Thüringen –, aber auch eine liebende Schwester, ferner eine treue Tochter ihres deutschen Volkes. Die Mehrzahl der ungarischen Edelleute hielt nach Bélas Tod zu seinem älteren Sohn Emerich, und nach dessen Tod (1204) wurden sie nur wider Willen Anhänger Andreas' II. Dabei hätte Andreas viele treue Männer nötig gehabt, denn er wollte sein Reich nach Süden, auf den Balkan, und auch nach Nordosten ausbreiten.

Es scheint, als hätten auf dem Balkan nur religiöse Fragen die Menschen intensiver beschäftigt. Die Lehre der Bogomilen verbreitete sich stark; ihre Gläubigen verkündeten, daß auch diese Welt die Schöpfung des Satans sei, Vermögen, Ehe und Kinderzeugung stammten vom Teufel, und vor allem die Kirche mit ihrer ganzen Hierarchie, ihrem Vermögen und ihren Zeremonien sei das Werk des Bösen. Diese Lehre ging von Byzanz aus, hatte aber schon lange in Bulgarien und Bosnien Wurzeln gefaßt, sie verbreitete sich nun in den dalmatinischen Städten und war drauf und dran, die Sprachgrenzen zu den slawischen und den italienischen Gebieten zu überschreiten.

Zur gleichen Zeit erhielten auch die politischen Veränderungen religiöse Aspekte: Das erstarkende bulgarische Zarentum und Serbien – übrigens Rivalen – waren bestrebt, sich von der byzantinischen Hegemonie zu befreien, und es lag nahe, sich zu diesem Zweck an die päpstliche Macht zu wenden, was natürlich erfordert hätte, daß sie die östliche Orthodoxie mit dem westlichen Katholizismus vertauschten. Andreas wollte noch als Herzog die Süd-

slawen zum wahren Glauben bekehren und dadurch wenigstens das serbische Fürstentum unter seinen Einfluß bringen.

Das Testament seines Vaters verpflichtete ihn dazu, das Kreuz zu nehmen und im Heiligen Land gegen die schon sehr stark werdenden Heiden zu kämpfen; sein Vater hatte zwar für diesen Zweck eine riesige Summe hinterlassen, doch die war bald für andere Zwecke ausgegeben... Andreas fand jedoch eine Lösung, die geeignet schien, ihm sowohl Anhänger zu verschaffen als auch seine Geldeinnahmen zu erhöhen. Diese Lösung bestand in großzügiger Landschenkung. Schon König Béla hatte Güter verschenkt, doch hatte er im allgemeinen die Ländereien der Burgen, die Gebiete der königlichen Burgkomitate, unangetastet gelassen. Andreas verschenkte aber mit fast verschwenderischer Freigebigkeit auch von diesen Gütern. Die Begründung formulierte er selbst in einem Donationsbrief: „Die Freigebigkeit der königlichen Hoheit kann nichts zwischen Grenzen zwingen, und das beste Maß der Schenkung ist für den Herrscher die Maßlosigkeit."

Seit dem 11. Jahrhundert machten die Einnahmen der königlichen Ländereien und der Burggüter den Löwenanteil des königlichen Einkommens aus, zu einem bedeutenden Teil in Form von Naturalabgaben. Ihr Ausbleiben wollte Andreas dadurch ersetzen, daß er die Geldsteuereinnahmen erhöhte. Besonders beliebt war die Verpachtung der Regalien. Die Münzprägung, die Steuereintreibung und der wichtige Salzzoll gerieten so in die Hände von Steuerpächtern und zugleich auch von Fremden, denn nur jüdische und ismaelitische Finanzleute verfügten über genügend Kapital, um den Pachtzins vorzuschießen. Der Salzhandel hatte sich bis jetzt in der Hand der Kirche befunden, und die Neuerung des Königs löste Widerstand aus; auf ähnliche Weise entrüsteten sich jene, die sich unter Berufung auf frühere, oft zweifelhafte Privilegien der einen oder anderen Steuer entzogen hatten. Allerdings dienten diejenigen, die an der Landschenkung teilhatten, treu dem König – in der Hoffnung auf weitere Schenkungen.

Die neue Einrichtung oder die neuen Maßnahmen, wie der König selbst sie in einer Urkunde nannte *(novae institutiones)* – oder in einer anderen Urkunde: „die allgemeine Teilung in unserem Land" –, verursachte an sich schon ein ziemlich großes Durcheinander. Hierzu kam eine weitere Vorgangsweise – die Ansiedlung fremder Herren –, die Gertrud ausgedacht hatte, um die ungarischen Edelleute im Zaum zu halten. In den Quellen ist oft zu lesen, daß Gertrud „zu den woher auch immer kommenden Deutschen freigebig und gütig war"

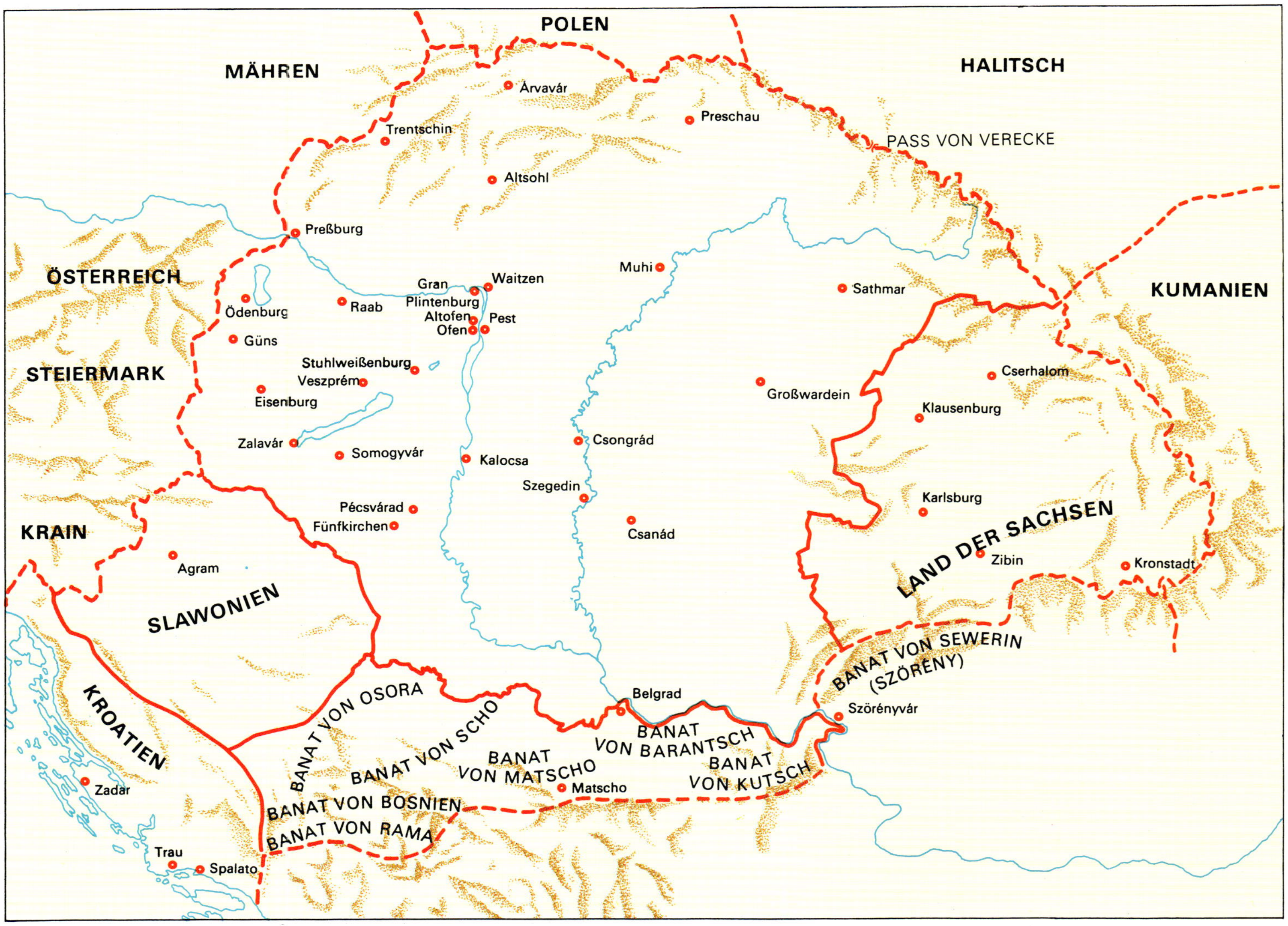

Ungarn in der zweiten Hälfte des 13. Jahrhunderts.

(so ein deutscher Zeitgenosse) – doch stand wahrscheinlich etwas anderes dahinter. Die Königin suchte treue Leute, die sie eher unter jenen Fremden zu finden gedachte, die tatsächlich auf den König angewiesen waren.

Die Schlüsselfigur unter diesen Fremden war ihr jüngerer Bruder, Berthold, der erstaunlicherweise als Laie das gerade vakant gewordene Erzbistum von Kalocsa – nach dem von Esztergom das wichtigste im Land – vom König erhielt. Papst Innozenz III., der mit der Neuordnung der Kirche beschäftigt war, wollte den auch von den Kanonikern von Kalocsa unterstützten Ernennungsvorschlag nicht bestätigen. Er beauftragte den Erzbischof von Salzburg damit, Bertholds Eignung zu beurteilen. Die seltsame „Prüfung" endete mit einem unbefriedigenden Ergebnis: Es stellte sich heraus, daß der fünfundzwanzigjährige Jüngling zwar lesen konnte und auch die Heilige Schrift verstand, doch war er im kanonischen Recht und im Lesen der heiligen Messe völlig unbewandert. Auf wiederholtes Bitten des Königs Andreas II. willigte der Papst nach langem Zögern schließlich doch in seine Ernennung ein, und von da an hatte Berthold ein riesiges Einkommen.

Doch er gab sich damit nicht zufrieden. Er war bestrebt, das Erzbistum von Kalocsa dem von Esztergom gleichzustellen, ja sogar über dieses zu stellen. Daneben erhielt er auch weltliche Würden; er wurde Banus (Statthalter) von Kroatien und später Wojewode von Siebenbürgen. In dieser Zeit fuhr er sogar nach Vicenza, um dort Kirchenrecht zu studieren – als Erzbischof! Die Mißbilligung des Papstes zwang ihn zur Heimkehr. Doch am Hof mischte er sich jetzt schon in die Judikatur ein und

Die ehemalige Benediktinerabteikirche in Ják. Anfang des 13. Jh.s.

In den abgetreppten Nischen des Giebelfeldes des vorgezogenen Bauteils sind die Figuren Christi und der Apostel zu sehen.

machte sich so immer unbeliebter. Andreas beklagte sich auch in einem Brief an den Papst: Da er Berthold „heiß liebte und über andere erhob, zog er damit den Haß fast aller Großen und Kleineren des Landes" auf sich.

Und Berthold hatte auch noch Geschwister: unter anderen zwei Brüder, Eckbert, Bischof von Bamberg, und Heinrich, Markgraf von Istrien; diese gerieten in den Verdacht, am Mord an dem deutschen König Philipp beteiligt gewesen zu sein. Aus diesen Grund mußten sie fliehen und flohen natürlich nach Ungarn, wo sie beide große königliche Schenkungen erhielten. Eine Schenkung bekam aber auch ein gewisser Propst Adolf, dessen Hauptverdienst es war, daß Gertrud seine Schwester, in deren Begleitung er hergekommen war, an den Hof rief. Zahlreiche Menschen in der Hofhaltung der Königin und des Königs waren ebenso unbeliebte Fremde.

Und dazu kam noch die Ansiedlung des Deutschen Ritterordens im Land. Die später im Baltikum berüchtigt gewordenen teutonischen Ritter siedelte der König am Südostrand des reichen Siebenbürgens (im Burzenland) an und gewährte ihnen außergewöhnliche Privilegien – freies Marktrecht, Steuerfreiheit, Bergrecht, eigene Richter –, wodurch er sie fast schon zu Souveränen machte: ein Land im Land. Sie wurden auch vom jährlichen Geldtausch befreit, wovon sie sich mit einer festgelegten Menge Silber loskaufen konnten. Vielleicht wurden auch sie von Gertrud begünstigt.

weihtDie Motive für ein Königsdrama sammelten sich an. Wären ein Shakespeare oder ein Grillparzer (der sie später in einem Trauerspiel verarbeitete) zugegen gewesen, wären sie sicher darauf aufmerksam geworden. Andreas kam diese Idee jedoch nicht. Warum wohl nicht? Vielleicht, weil er wieder mit einem ehrgeizigen, kostspieligen und unausführbaren Plan beschäftigt war: Auch er wollte – wie seine Vorfahren – Halitsch erobern.

Im Herbst 1213 zog der König nach Halitsch. Gertruds Tage waren gezählt, denn die höchsten Würdenträger am Hof verschworen sich, sie zu töten: zwei frühere Hofrichter, Graf Peter und Banus Bánk, Simon, der Schwiegersohn des letzteren, ferner Simon aus dem Geschlecht der Kacsics; gewiß waren noch viel mehr eingeweiht.

Auch der Erzbischof von Esztergom, Johann, wußte von dem geplanten Attentat, obwohl er auf den Brief, in dem um seine Einwilligung gebeten wurde, mit einem zweideutigen Satz antwortete: Die Königin töten braucht Ihr nicht, Angst haben wird gut sein, wenn jeder einwilligt, ich nicht, bin dagegen. Richtig gelesen hieß dieser Satz: Die Königin töten

◁
Das Innere der dreischiffigen Kirche von Ják.

In unmittelbarer Nähe der Abteikirche von Ják steht die St.-Jakobs-Kapelle. Mitte des 13. Jh.s.

braucht Ihr nicht Angst haben, es wird gut sein, wenn jeder einwilligt, ich bin nicht dagegen ... Im lateinischen Text gab es keine Interpunktion: Die Betonung des Vorlesenden entschied. Der Erzbischof hatte Grund genug, den Meranier Geschwistern wegen der Angelegenheit des Erzbischofs von Kalocsa, Berthold, zu zürnen.

Die Königin hielt gerade im Wald des Pilisgebirges eine Hofjagd in Gesellschaft des österreichischen Herzogs Leopold VI., Bertholds und anderer, hauptsächlich deutscher Herren, als die Verschwörer sie überfielen. Sie wurde in ihrem pompösen Zelt mit einem Schwert ermordet. Ihren anwesenden Kindern tat man kein Leid an; der kleine Kronprinz, Béla (der spätere Béla IV.), war erst sieben Jahre alt. Graf Maximilian erhielt im folgenden Jahr eine Schenkung, weil er den kleinen Béla nach dem Tod Gertruds zu sich nahm.

Auf die Nachricht vom Attentat kehrte der König um. Die meisten Attentäter erhielten keine strenge Strafe: Nur Graf Peter ließ der König pfählen. Bánk wurde abgesetzt, doch vier Jahre später war er wieder Banus.

Leopold und Berthold, die in der Begleitung Gertruds gewesen waren, entkamen, die Geistlichen wurden bestraft. Berthold floh bald ins Ausland und nahm den riesigen Schatz von 7000 Silbermark mit, den Gertrud für ihre Kinder gesammelt hatte. Später kehrte er zurück und wurde wieder Erzbischof von Kalocsa; er hatte jedoch aus den Geschehnissen gelernt und mischte sich nicht mehr in die Angelegenheiten des Landes.

Die Nachricht von dem traurigen Ereignis verbreitete sich bald auch über die Grenzen hinaus. Und mit ihr ein Gerede, wonach der Mörder der Königin noch einen anderen Grund für seine Tat hatte als nur die Interessen des Landes: Banus Bánk soll deshalb zum Schwert gegriffen haben, weil er erfahren hatte, daß Gertrud seine Gattin mit Gewalt ihrem jüngeren Bruder gefügig gemacht hatte. Anderen fast gleichaltrigen Quellen zufolge war nicht die Gattin des Banus, sondern Peters Frau geschändet worden. Wieder andere Quellen berichten gar nichts von dieser Sache.

Seit der Mitte des 14. Jahrhunderts erzählt dann jede Chronik eingehend die Episode, wohl deshalb, weil sich am Hof des ungarischen Königs Karl I. von Anjou ein ähnlicher Fall ereignet hatte, zwar nicht mit der Frau, aber mit der Tochter eines Höflings: Klára Zách. Als ihr Vater, Felicián, von der Sache Kenntnis erhielt, drang er ins Schloß ein. Er hieb mit seinem Schwert auf die Königin ein und schnitt ihr die Finger ab. Felicián sühnte furchtbar für seine Tat: Er und seine Tochter

Die Meister der Bauhütte, die die Kirche von Ják erbauten, errichteten Mitte des 13. Jahrhunderts auch die St.-Georgs-Kirche von Csempeszkopács. ▷

starben auf dem Schafott, ja sogar sein ganzes Geschlecht wurde streng bestraft.

Bánk war 1213 bereits ein alter Mann, auch seine Frau kann nicht sehr jung gewesen sein, wissen wir doch, daß sie schon verheiratete Kinder hatten. Historiker halten es für nicht ausgeschlossen, daß ihnen tatsächlich ein Familienunrecht geschehen war – warum hätte sich sonst auch der Schwiegersohn an der Verschwörung beteiligt? In Wirklichkeit weiß man nicht, was dieses Unrecht gewesen sein könnte.

Der Besitz der Macht hat schon immer die pikante Frage aufgeworfen, welche Möglichkeiten sie für Liebeseroberungen bot. „Königliches Blut befleckt die Ehre nicht", meinte man im Mittelalter. Zumindest jene, in deren Adern königliches Blut floß. Wir können aber auch frühere Beispiele anführen: so in Rom den Etrusker Sextius Tarquinius, der ein Auge auf Lucretia geworfen hatte, oder noch früher den erstgeborenen Lieblingssohn des biblischen Königs David, Amnon, der sein Netz nach der schönen Tamar ausgeworfen hatte. Und die Bibel gibt auch ein Beispiel für die Art der Vergeltung, wie denn Tamars Bruder Absalom den Ehrenschänder seiner Schwester umbringen ließ. Die Vergelter der Schande Lucretias setzten dem Königtum ein Ende. Die literarische Aufarbeitung jedes derartigen Falles beinhaltet die Lehre, daß hieraus großes Unglück entstehen kann... Wie wir sehen werden, hat auch das traurige Ende der Königin Gertrud später Verwicklungen verursacht.

Diese Verschwörung inspirierte mehrere hervorragende Schriftsteller vor allem in der ersten Hälfte des 19. Jahrhunderts, als die Ideen der Französischen Revolution und das Zeitalter der Heiligen Allianz dazu führten, das Verhältnis zwischen den Königen und ihren Untertanen neu zu überdenken. Das Drama *Banus Bánk*, 1815 von József Katona geschrieben, ist bis in unsere Tage ein Erfolgsstück auf ungarischen Bühnen. Auch der österreichische Dichter Franz Grillparzer beschäftigte sich mit dem Konflikt zwischen Bánk und Gertrud in seinem Trauerspiel *Ein treuer Diener seines Herrn* (1826). Hier ist Bánk, der Verschwörer, gleichzeitig der Retter des Königssohns Béla. Sein Gegenpart ist der frivole, charakterlose Otto von Meran, der seine beeinflußbare Schwester ausnützt. Was Bánk zu sagen hat, geht aus den Schlußworten des Dramas hervor, hier in der ersten Fassung des Manuskripts:

Das Schönste, was die weite Schöpfung kennt,
Ist eines Königs Kron' auf eines Menschen Scheitel.
Richt' auf den Schwachern, halt im Zaum den Kühnern,
Das Gute tu und tu es rasch und gern.
Sei ein getreuer Herr erst deinen Dienern.
Dann sind sie treuer Diener ihres Herrn.

Natürlich konnte ein österreichischer Dichter zu der Zeit, als Metternichs Laufbahn den Höhepunkt erreicht hatte, kaum solche Zeilen herausgeben. Und so sagt im endgültigen Text Bánk zum kleinen Béla:

Gedenk als Mann der Zeit, da du ein Kind,
Und hilflos lagst in eines Mörders Armen.
Wie da der Aufruhr an die Pforten pochte
Und jeder Rat und jede Hilfe fern;
Da tat ein alter Mann – was er vermochte.
I nu! ein treuer Diener seines Herrn.

Grillparzers Quelle war ein Werk über Ungarn, das von einem humanistischen Schriftsteller, Bonfinius, verfaßt und von Hieronymus Boner ins Deutsche übersetzt sowie dann 1545 in Basel unter dem Titel *Des Allermechtigsten Königreichs inn Ungern wahrhaftige Chronick* herausgegeben worden war. Hier spielt die Königin Bánks wunderschöne, ihrem Gatten treue Gemahlin ihrem liebeshungrigen Bruder in die Hände, doch Bánks Gattin gesteht ihrem Mann sofort die sündige Tat; „alls ihm die ihren halss anbotten sie vmb zebringen, halt er sie erst recht vmbfasst, gehalsst vnd gertröst". Und der König sieht schließlich ein, wie berechtigt Bánks Tat war, und vergibt ihm.

Nach Meinung der Literaturhistoriker kannte Grillparzer die diesbezügliche Tragödie von Hans Sachs nicht, auch nicht das früher geschriebene Drama von József Katona. Letzterer sieht die Gründe der Verschwörung im persönlichen Unrecht, im patriotischen Zorn wegen der Bevorzugung der Ausländer und sogar – was im 13. Jahrhundert gewiß nicht die Sorge eines Hochadligen war – in den Klagen des unterdrückten einfachen Volkes. Wenn man da auch nicht die Zeit Andreas' II. wiedererkennen kann, so doch leicht die Probleme des Vormärz, ja sogar den Grund dafür, warum ab 1835 das Meisterwerk des frühverstorbenen Autors jahrzehntelang vor einem stürmisch applaudierenden Publikum gespielt wurde.

Kehren wir jedoch zu dem nicht weniger ereignisreichen Zeitalter Andreas' II. zurück. Die Entfernung der Meranierin löste zwar das Problem der fremden Herren, alle anderen blieben aber bestehen. Ja es scheint sogar, daß die Art, wie diese Hochadligen ihre eigenen Probleme zu lösen wagten, die anderen noch ermutigte. Der König setzte seine Schenkungspolitik fort, immer mehr Burgländereien gelangten in die Hände seiner Hofleute, und diese mächtigen Herren übernahmen immer öfter auch die öffentliche Macht, was bedeutete, daß die kleineren Adligen ebenfalls unter ihrer Herrschsucht litten. Andererseits gab es recht viele, die von Andreas nicht bedacht wurden und die die Verschwendung des Königs mit mißgünstigen Augen verfolgten. Am meisten fürchtete sich die Schicht seiner Servienten *(servientes regis)* vor den schlimmen Folgen der Politik des Königs: Diese relativ freie Schicht befand sich im Aufstieg in den Rang des Kleinadels, doch wenn der König die Burg, der sie dienten, verschenkte, konnte der neue Besitzer sie oder einen Teil von ihnen in den Stand von halbfreien Ackerbauern zurückversetzen.

Manche wollten der Politik des Königs ein Ende machen, indem sie Gesandte zu seinen entfernten Verwandten auf griechischem Boden schickten, um diese zu fragen, ob sie nicht als Thronprätendenten auftreten wollten. Viel-

Gekröntes Haupt aus Kalocsa aus der Zeit Andreas' II.; hier war der Schwager des Königs Bischof. Vielleicht handelt es sich um eine zeitgenössische Darstellung des Königs.

leicht ermutigte sie auch der Erzbischof von Esztergom dazu, den der König nicht leiden konnte, weil er seine Schenkungen mißbilligte. Diese Maßnahmen betrafen nämlich auch die materiellen Interessen der Kirche, vor allem den Verlust des früher von ihr eingehobenen Salzzolls.

Währenddessen erstarkte das Interesse des Königs für Byzanz, besser gesagt, jetzt schon für das Lateinische Kaisertum, hatten doch 1204 die Kreuzritter Konstantinopel besetzt. Vielleicht ist die Wahl einer neuen Gemahlin, Jolanthe (1215), diesem Interesse zuzuschreiben: Auf dem Thron des Lateinischen Kaiserreiches saß der Bruder von Jolanthes Mutter, ihr Vater aber entstammte einem Zweig der Kapetinger, des französischen Königshauses. Als der Onkel seiner neuen Frau, Heinrich, 1216 starb, war auch davon die Rede, daß der ungarische König an seiner Stelle den Thron des Lateinischen Kaiserreiches besteigen könnte. Aber nur, wenn er über entsprechendes Ansehen und genügend Kraft verfügte; dies endlich ließ nach zwei Jahrzehnte langem Zögern beim König die Entscheidung zum Beginn des schon längst versprochenen Kreuzzuges heranreifen.

Bis das Heer organisiert war, hatte der Papst bereits einen Verwandten von König Andreas' Frau, Peter von Courtenay, zum Kaiser gekrönt. So nahm das Heer nicht – wie ursprünglich geplant – den Weg zu Lande über Konstantinopel, sondern von Venedig aus mit gemieteten Schiffen übers Meer. Im Herbst 1217 erreichten die Ungarn das Heilige Land, und sogleich begannen sie die Kriegsoperationen gegen die Moslems mit der Bestürmung einer Festung. Doch der Angriff mißlang, und die Feldkasse war bald leer. Der König verkaufte den mitgebrachten teuren Schmuck, verschenkte oder verlieh einige Güter und Regalien in Ungarn und kehrte bereits Anfang 1218 mit einem dezimierten Heer unverrichteterdinge heim. Nun natürlich nicht mehr auf dem kostspieligen Seeweg.

In Kleinasien angekommen, zog das Heer zuerst durch das Königreich Klein-Armenien. Hier verlobte der König seinen jüngsten Sohn, Andreas, mit der Tochter König Leos II. (diese Verlobung wurde später gelöst). Dann zogen die Ungarn weiter. Im Kaiserreich von Nikaia verlobte Andreas II. die Tochter des Kaisers mit dem Thronfolger, Béla, und nahm sie mit nach Ungarn. Schließlich verlobte er in Bulgarien seine Tochter Maria mit Zar Ivan II. Diese dynastischen Verbindungen waren zweifellos ein Erfolg, nur eben nicht in den Augen von Andreas' heimischer Opposition, mit der er nach der Heimkehr aus dem Heiligen Land rechnen mußte.

Wie stark diese Opposition war, beweisen zahlreiche Tatsachen. Als erste kann gelten, daß der König für die Zeit seines Ausfluges ins Heilige Land – offensichtlich nicht aus freien Stücken – seinen alten Gegner Johann, Erzbischof von Esztergom, mit seiner Vertretung beauftragt hatte. Nach seiner Rückkehr war er gezwungen, mit seiner Politik der Landschenkungen Schluß zu machen und bald für seinen älteren Sohn, Béla (den er schon 1214 hatte zum König krönen lassen) – obwohl er mit ihm bereits im Streit lag –, das slawonische Herzogtum zu sichern. Obendrein wurden die Günstlinge Andreas' II. – die gleichzeitig die Nutznießer seiner Schenkungspolitik waren – bei der Besetzung der höchsten Würden von Leuten abgelöst, die nicht seine Anhänger waren, sondern zum Kreis seines verstorbenen Bruders Emerich gehörten.

Wer zwang den Herrscher hierzu und zu dem noch wirkungsvolleren Schritt, 1222 die Goldene Bulle zu erlassen? Wir können nur ahnen, daß es die bereits erwähnte Schicht der königlichen Servienten war, jene sich organisierende Gruppe freier Waffenträger von landesweiter Bedeutung. Sie hatten zwar nicht direkt mit der Kirche zu tun, doch ihre Interessen verflochten sich, ebenso auch mit den Interessen der Hochadligen, die die Politik des Königs mißbilligten. Durch ihre Unterstützung hatten sie der Bewegung der Servienten ein so großes Gewicht gegeben, daß Papst Honorius III. in einem Brief von Ende 1222 folgendes schrieb: „In Ungarn wurde neuestens beschlossen, daß das ganze Volk in einem Jahr zweimal zusammenkommt, und unser lieber Sohn im Herrn, der erhabene König von Ungarn, hat ebenfalls persönlich zu erscheinen; so eine gewaltige Masse pflegt dann, die sinnvolle Mäßigung beiseite legend, vom König schwerwiegende und nicht gerechte Dinge zu verlangen..." Natürlich ist unter „dem ganzen Volk" nicht einmal die Mehrzahl der königlichen Servienten zu verstehen, waren doch schon ein paar Hundert genug, um einen ernsthaften Druck auf die Anwesenden auszuüben.

Was enthält die berühmte Goldene Bulle? (Sieben Originalexemplare beglaubigte der König mit einem goldenen Siegel – daher der Name.)

Sie bestärkt uns vor allem in der Annahme, daß das Auftreten der königlichen Servienten eine große Rolle bei ihrem Zustandekommen gespielt hat. Ihr Text besteht aus einunddreißig Punkten, mehr als ein Drittel davon regelte die Angelegenheiten der Servienten – ausgesprochen günstig. Sie bestätigte sie in ihrem Besitz, gewährte ihnen Erb- und freies Verfügungsrecht über ihre Dienstgüter, befreite sie von der Kriegführung außerhalb des Landes und berechtigte jeden Servienten, persönlich auf dem alljährlichen Gerichtstag, dem Vorläufer des späteren Landtages, zu erscheinen. Die Bulle sicherte ihnen auch Steuerfreiheit zu. Die Verfügungen der Goldenen Bulle berührten den Rechtsstand der anderen im Lande lebenden Schichten kaum – ausgenommen vielleicht die Ismaeliten (Moslems) und die Juden, die eigentlich keine „Kammergespane, Münzer, Salzbeamten und Steuereinnehmer" sein durften, es aber dessenungeachtet später doch wurden.

Ein wichtiger Teil dieser Urkunde ist die Schlußklausel, die besagt, daß es, falls der Kö-

Vorder- und Rückseite des goldenen Siegels (Goldene Bulle) Andreas' II.

nig und seine Nachfahren das hier Festgelegte nicht einhalten, „kraft dieser Urkunde sowohl den Bischöfen als auch den anderen Feudalherren, den Adligen Unseres Landes gemeinsam oder einzeln in der Gegenwart und Zukunft für alle Zeiten freistehe, ohne der Abtrünnigkeit bezichtigt zu werden, Uns und Unseren Nachfahren Widerstand leisten und widersprechen zu können".

Dieser Teil ist wichtig, weil sich von da an, solange das Land ein Königreich war, die Verfassungsrechtler und natürlich auch die Rebellen auf ihn beriefen... Ferner trug diese Widerstandsklausel neben anderen Details dazu bei, daß die Goldene Bulle mit der kaum sieben Jahre älteren englischen Magna Charta in Verbindung gebracht wird. Die beiden Urkunden unterscheiden sich voneinander, wie sich die englischen und die ungarischen Verhältnisse voneinander unterschieden, wie sich die Lage Johanns ohne Land von der Lage Andreas' II. unterschied – und doch stimmen Zeitpunkt und mehrere Details nicht nur zufällig überein. Unter den Gegnern Andreas' II. stand an erster Stelle der Klerus, das Episkopat unter der Führung des Erzbischofs von Esztergom. Und zwischen den ungarischen Bischöfen und den englischen geistlichen Würdenträgern, die an der Abfassung der Magna Charta mitwirkten, bestanden Beziehungen. Mehrere kannten sich von der damaligen großen Universität Europas, der Sorbonne, und korrespondierten weiterhin miteinander. Es war nur natürlich, daß die englischen kirchlichen Würdenträger ihren Kollegen im fernen Land von dem großen Ereignis berichteten. Und als es soweit war, nutzten die ungarischen hohen Geistlichen diese Informationen.

Damit erschöpfte sich die Möglichkeit der Wechselwirkung, denn das Beispiel des fernen Englands konnte keine Auswirkungen auf die nur ihre eigenen Interessen verfolgenden Servienten haben, auch nicht auf die Adligen, die vornehmen Feudalherren. Es unterschieden sich die Bestrebungen, die Zeiten der Ausstellung der Urkunden, und anders waren auch die weiteren Folgen. Die ungarische Goldene Bulle hatte jedenfalls große Bedeutung für die Zukunft: Aus der Schicht der Servienten entwikkelte sich innerhalb eines Jahrhunderts der Kleinadel. Nun waren sie keine Gemeinfreien mehr, sondern Adlige, *nobiles* – so nannte man sie auch schon in den Urkunden, und wenn sie der Vorgeschichte ihrer Privilegien nachgingen, konnten sie sich auf die Goldene Bulle und in dieser auf die sich auf die Adligen (*nobiles* – und nicht auf ihre Vorfahren, die Servienten) beziehenden Paragraphen berufen. Deshalb bestanden sie darauf, daß die Könige diese Urkunde immer wieder erneuerten. Und so verfügen wir über mehrere mittelalterliche Kopien, obwohl von den sieben Originalexemplaren kein einziges erhalten blieb.

Heute ist allgemein bekannt, daß sich 1222 die Bezeichnung *nobiles* nicht auf den Kleinadel, sondern ausschließlich auf den Hochadel, auf die Feudalherren bezog, deren Zahl vielleicht einige Dutzend betrug. Es war nun einmal deren Schicksal, daß der ihre Würde ausdrückende Name auf immer niedrigere Schichten überging. Die Bezeichnung „jobbágy" für einen hohen Adligen (eigentlich „der Bessere") zur Zeit des ersten ungarischen Königs ging bald auf die Burgkommandanten der Burggespane über, dann sank er immer tiefer, bis er am Ende des 13. Jahrhunderts und von da an fortlaufend hörige, ackerbebauende, als Knechte dienende Bauern, also Leibeigene, bezeichnete. Ebenso verhielt es sich mit dem Ausdruck „adlig", der in der ungarischen Sprache „ein Geschlecht haben" bedeutete (es gab ursprünglich zur Zeit der Landnahme nur etwa hundert Geschlechter), seine lateinische Übersetzung *nobilis* bedeutete hervorragend, namhaft; die Bezeichnung begann im gleichen Jahrhundert auf der Gesellschaftsleiter hinabzusteigen, um beim Kleinadel stehenzubleiben. Die Hochadligen wurden mit einem neuen Ausdruck „Barone" genannt... Der spätere Jurist des Kleinadels, Werbőczy, sanktionierte im 16. Jahrhundert die gefällige Formel „una eademque nobilitas" von der Gleichheit vor dem Gericht, zwar nicht des ganzen Volkes, aber wenigstens der Adligen.

Die Goldene Bulle erwähnt zweierlei ausländische Gäste: die „Vornehmen", die ohne die Zustimmung des Landrats, das heißt der einheimischen Vornehmen, keine Position bekleiden konnten (Punkt 11) und die „Gäste" *(hospes)*, denen „aus welcher Nation sie auch stammen, ihre ursprüngliche Freiheit belassen werden muß" (Punkt 19/b). Zu den letzteren gehörten die deutschen, französischen, italienischen und anderen Handwerker und Kaufleute sowie die an mehreren Orten eingebürgerten „Sachsen", die jedoch im allgemeinen süddeutsche Ansiedler waren. Zahlenmäßig an erster Stelle standen die Sachsen in Siebenbürgen, die unter der Herrschaft der vorhergegangenen Könige in dem damals nur mit Szeklern und auch mit diesen nur dünn bevölkerten Siebenbürgen sporadisch angesiedelt worden waren.

Nach dem Erlaß der Goldenen Bulle baten diese Sachsen Andreas II., aus ihren verstreuten Siedlungen eine einzige geschlossene Rechtseinheit zu bilden, und der König erfüllte ihre Bitte. 1224 gab er die von den siebenbürgischen Sachsen „Andreanum" genannte Urkunde heraus, die ihren Wünschen so weit nachkam, daß er sogar die Bewohner von drei Szekler Gauen umsiedelte, nur damit der Boden der deutschen Ansiedler ungeteilt blieb.

1225 setzte der König eine andere denkwürdige Tat: Er vertrieb aus Siebenbürgen und dem ganzen Land den Deutschen Ritterorden, der diesseits und jenseits der Südkarpaten derart eigenständig geworden war, daß er statt des ungarischen Königs den Papst als Herrscher anerkannte. Der Papst unternahm mehrmals Schritte im Interesse seiner Lieblingsritter, diesmal aber machte Andreas seinen Entschluß nicht rückgängig. Die teutonischen Ritter wurden in die Gegend der Ostsee gerufen, wo sie dann bei der Bekehrung der Heiden, aber auch bei der Eindeutschung der Preußen eine Rolle spielten. Ihre Ländereien in Siebenbürgen vermehrten das Gebiet der hart arbeitenden „sächsischen" Ansiedler.

Dieser Schritt hatte noch andere Folgen. Papst Honorius III. befaßte sich oft mit den Angelegenheiten des ungarischen Königreichs und fachte immer wieder den Zwist zwischen dem König und dessen Sohn Béla, dem Thronfolger, an. Meist unterstützte er den jungen Béla, was vielleicht auch dessen Umgebung zum Aufbegehren gegen den Vater veranlaßte sowie zu Versuchen, mit allen Mitteln die Anhänger des Gegners auf ihre Seite zu ziehen. Nachdem er den Papst noch mehr gegen sich aufgebracht hatte, bemühte sich Andreas um ein friedliches Verhältnis zu Béla und seinem jüngeren Sohn Koloman.

„Seht, euch alle erwartet das gleiche Schicksal wie den, der da vor euch im Sarge liegt..." Die Grabrede ist der erste große zusammenhängende ungarische (und zugleich finnisch-ugrische) Text, den Ungarisch Sprechende auch heute verstehen. In ihr sind nicht nur Worte, sondern auch Elemente der ungarischen Rechtschreibung zu erkennen. ▷

Volksbildung, lateinische Kultur

Aus der Zeit Bélas III. und Andreas' II. sind Werke auf uns gekommen, die von einem hohen Bildungsstand in der ungarischen Sprache und einer großen Verbreitung der lateinischen literarischen Bildung zeugen.

Seit dem 11. Jahrhundert gab es ein Amt unter der direkten Leitung des Erzbischofs von Esztergom, das dem Wirkungsbereich einer königlichen Kanzlei entsprach. Den von diesem Amt ausgestellten Urkunden verdanken wir die in ungarischer Sprache aufgezeichneten, mit der frühesten authentischen Phonetik (nämlich von Kennern der ungarischen Sprache) geschriebenen Wörter. Fest steht, daß sich die ungarische Schriftsprache nicht auf diese Sprachdenkmäler beschränkte. Vor allem die schon früh feststellbare Einheit der Rechtschreibung zeugt von einer im ganzen Land praktizierten Schriftsprache. Bestimmte Zeichen sind seit dem 11. Jahrhundert bis auf den heutigen Tag gebräuchlich, so die Bezeichnung des mouillierten Lautes d (im Deutschen dj, in slawischen Sprachen d' oder dz) mit g und y (wie im Wort Magyaren). Wie entstanden diese Schriftzeichen?

Vergessen wir nicht, daß das Ungartum nicht in dieser Heimat schreiben gelernt hat! Schon viel früher, durch Vermittlung der Turkvölker, hatte es sich jene türkische Schrift angeeignet, die über die sogdische Schrift auf die aramische zurückzuführen ist; zusammen mit dieser Kerbschrift übernahm es auch die Bezeichnung „betű" (Buchstabe). Die Buchstaben wurden nicht mit der Feder auf Pergament geschrieben, sondern mit einem Messer in Holzstäbchen gekerbt oder in Stein gemeißelt. Diese Schrift (die an die Runenschrift erinnerte, obwohl sie von dieser unabhängig war) lebte bis zum 17. Jahrhundert im archaischen Grenzland des ungarischen Sprachgebietes, in Siebenbürgen. Diese Schrift war natürlich auch phonetisch geprägt, für die ungarischen Laute gab es Zeichen. Zufällig ähnelte in diesem System der oben erwähnte Buchstabe „gy" dem Buchstaben „g". Vielleicht liegt hierin der Ursprung des späteren Buchstaben „gy". Mit dieser Kerbschrift wurden allerdings nur Berechnungen und Aufzeichnungen in das Kerbholz geritzt.

Was aber wurde auf ungarisch mit lateinischen Buchstaben geschrieben? Wohl nicht die ohnehin hochgeachteten liturgischen Texte; deshalb wurden die ungarischen Aufzeichnungen auch nicht eigens bewahrt. Es ist verständlich, daß der erste auf uns überkommene ungarische Text ein kirchlicher ist: eine Grabrede (12. Jahrhundert). Sie ist eine ernst gefaßte, bis heute wirkungsvolle Diktion, sie spricht von dieser Welt der „Arbeit" nur als Gefängnis, die der Mensch mit dem Sündenfall verdient hat. (Das ungarische Wort für Arbeit stammt aus dem Slawischen, es bedeutete ursprünglich aber auch das Leiden. Eine vielsagende Assoziation...) Heute wissen wir so viel, daß

rtalis
et com
nittitur
ignem.
ttem ut
uoragi
amici
it ab es
te reqiei
ie cciatib;
peccati
intiate:
omni
arte
o
idte ueste
ne: ut
e inter
as pficiat.
hangtos
lapides
scat. &
t. 7 int
r lauantes
santes
r uiden
caticu
t. f eu. q.
im at
ptinum
y abrahe.
beat in
ie resur
adder
a etna
deat. f

Latiatuc feleym zumtuchel Sermo sup sepulchrum.
mic vogmuc. yſa pur eſ chomuv uogmuc. Menyi miloſtben
terumteve eleve miv iſemucut adamut. eſ odutta vola neki
paradiſumut hazoa. Eſ mend paradiſumben uolov gimilcictul
munda neki elnie. Heon tilutoa wt ig fa gimilce tvl. Ge
mundoa neki mere nu eneyc. yſa ki nopun emdul oz gimilſ
twl. halalnec halalaal holz. Hadlaua choltat terumteve iſten
tvl. ge feledeve. Engede urdung intetvinec. eſ evec oz tiluvt
gimilſtwl. eſ oz gimilſben halalut evec. Eſ oz gimilſnec vvl
keſeruv uola vize. hug turchucat migé zocoztia vola.
Num heon muganec. ge mend w foianec halalut evec.
Horoguvec iſten. eſ veteve wt ez munchaſ vilagbele. eſ levn
halalnec eſ puculnec feze. eſ mend w nemenec. Kic ozvc.
miv vogmuc. Hug eſ tiv latiatuc ſzumtuchel. iſa eſ num
igg ember mulchotia ez vermut. yſa mend ozchuz iarov
vogmuc. Wimagguc uromc iſten kegilmet ez lelic ert. hug
iorgoſſun w neki. eſ kegiggen. eſ bulſaſſa mend w bunet.
Eſ vimagguc ſzen achſcin mariat. eſ bovdug michael archangelt.
eſ mend angelcut. hug uimaggonoc erette. Eſ uimagguc
ſzent peter urot. kinec odut hotolm ovdonia. eſ ketnie.
hug ovga mend w bunet. Eſ vimagguc mend ſzentucut.
hug legenec neki ſeged uromc ſcine eleut. hug iſten iv ui
madſaguc miatt bulſaſſa w bunet. Eſ zoboducha wt urdung
ildetuitvl. eſ pucul kinzotvitvl. eſ vezeſſe wt paradiſu
nugulmabeli. eſ oggun neki munhi uruzagbele utot. eſ
mend iovben rezet. Eſ keaſſatuc uromchuz charmul. Kirl.
Scerelmeſ bratym uimagguc omuc ez ſcegin ember lilki ert.
kit vr ez nopun ez homuſ vilag timnucebelevl mente.
kinec ez nopun teſtet tumetivc. hug ur uvt kegilmehel
abraam. yſaac. iacob. kebeleben helhezie. hug birſagnop
ivtua mend w ſzentii eſ unuttei cuzicun iov
felevl iochtotnia ilezie wt. Eſ tiv bennetuc. clamate iii. K

Optime noſtiſ frs kmi dei mīa. hic faciat ſacerdos ſmone pplo.
quanta grā dnſ dſ gratificauerat ꝓmum adam patre
nrm. ſ diabolo ſuadente dū peccauit. quid ſibi & oib; ſuiſ
poſteriſ tē ꝓmerint. ecce frs uidetiſ oculiſ ueſtriſ

die Grabrede zur Zeit Andreas' II. von einem gebildeten Pfarrer auf Pergament kalligraphiert wurde.

Die ersten weltlichen Denkmäler des ungarischen Schrifttums sind in lateinischer Sprache abgefaßt. Ihr Hauptthema ist die Geschichte: Es sind aber keine Annalen, sondern Chroniken oder Gesta, also romanhafte Erzählungen von den Taten der Vorfahren.

Die früheste Schrift sind die Ur-Gesta (die zwar nicht erhalten geblieben sind, aus denen aber die späteren Gesta und Chroniken schöpften und die daher rekonstruierbar sind), wahrscheinlich wurden sie Mitte des 11. Jahrhunderts geschrieben; es scheint, daß sie die mündlichen Überlieferungen ausführlich festgehalten haben.

Die Traditionen berichteten über den Ursprung des Volkes, über seine legendären Ahnen und Helden, von der Urheimat und der Eroberung der heutigen Heimat... Die fürstliche Urmutter war Emese; mit ihr zeugte der Totemahne, der adlerähnliche Turulvogel, im Traum seinen zu einer großen Zukunft berufenen Sohn, der dann auch Álmos (Traum-Sohn) genannt wurde. Sein direkter Abkömmling war Árpád, der das Heer der Ungarn anführte, als die Adler (das heißt deren Volk, die Petschenegen) auf die ungarischen Herden herabstießen und alle auffraßen: deshalb kamen die Ungarn dann in dieses Land. Hier besiegten sie die hiesigen Großkönige, ja der untersetzte, aber über riesige Kraft und Heldenmut verfügende Fürst Botond schlug mit seiner Streitaxt sogar das uneinnehmbare Tor von Konstantinopel ein. (Botond ähnelt dem Märchenhelden aller Völker.) Und wenn ein Held auch eine Schlacht verlor wie Fürst Lehel und in Gefangenschaft geriet, schlug er den feindlichen König, Konrad, auch dann noch mit einer so erbärmlichen Waffe wie einem Horn tot und starb selbst beruhigt: „Du gehst vor mir ins Jenseits"... Von diesen Traditionen und volksmärchenhafte Erzählungen vereinenden Gesta glaubten später, Ende des 12. Jahrhunderts, die bereits wissenschaftlich gebildeten Nachfahren mit Recht, sie seien um nichts zuverlässiger als „die falschen Märchen der Bauern".

All dem ging in der Sage als nahe Vergangenheit der Entstehungsmythos des Volkes voran. Demzufolge „zeugte Ménrót mit seiner Gattin, Eneh, zwei Söhne, Hunor und Magyar, von denen die Hunnen und Magyaren abstammen. Hunor und Magyar stießen in der Steppe zufällig auf die Frauen und Kinder der Söhne Belárs, die dort ohne ihre Männer in den Zelten hausten, als sie das Fest des Hornes feierten und bei den Klängen der Musik tanzten; sie wurden in gestrecktem Galopp an den Meotis-See entführt... Unter den Kindern wurden auch die zwei Töchter von Dula, dem Fürsten der Alanen, gefaßt, und diese nahmen Hunor und Magyar zur Frau. Und von diesen Frauen stammen alle Hunnen und Magyaren ab."

Der reale Kern dieser Sage ist in den Beziehungen des Ungartums vor der Landnahme zu suchen: Fast alle Namen in der Erzählung sind Volksnamen, ihre Anführung hat eine Bedeutung. Ménrót dürfte ein chasarischer Name sein, obwohl es keine genaue Deutung gibt. Eneh (= junge Kuh, Hirschkuh) ist ein totemistischer Urmuttername. Im Namen Hunor steckt der Name jenes onogurischen Volkes, mit dem das Ungartum zusammengelebt hat und von dem sein in Europa verbreiteter Name hungarus, Ungar, Wenger stammt. Belár: eine verbreitete Variante des Volksnamens Bulgar; die ungarischen Stämme standen in Verbindung mit dem Teil der Bulgaren, der entlang der Wolga geblieben war. Dula wiederum ist tatsächlich ein alanischer Name, und das Ungartum unterhielt wirklich enge Beziehungen zu den Alanen im Kaukasus, es übernahm auch wichtige Wörter aus ihrer Sprache.

An die Geschichte von den Söhnen Ménróts knüpft sich in der Chronik die Erzählung von der Verfolgung des Wunderhirsches: Die Brüder jagten ihm lange nach, doch schließlich verschwand der Hirsch, nachdem er seine Verfolger an einen versteckten, fruchtbaren Ort am Meotis-See gelockt hatte, der dann ihre neue Heimat wurde. Die Erklärung, daß Hunor der Ahne der Hunnen sei und so die legendären Hunnen und die Ungarn sozusagen Brudervölker seien, kam in der Gesta des 11. Jahrhunderts noch nicht vor. Diese Annahme hatte auch keinen realen Kern: Über den Kontakt zwischen den türkischsprechenden Hunnen und den Ungarn gibt es keine authentischen Angaben, und die Verschiedenheit der historischen Schauplätze und Zeitpunkte schließt ihn sogar aus. Die schmeichelhafte Vorstellung von der Verwandtschaft mit den welterobernden Hunnen und der Verwandtschaft Attilas und Árpáds ist keine Erfindung eines ungarischen Autors. Bereits im 10. und 11. Jahrhundert wurden die Ungarn in zahlreichen westlichen Chroniken, hauptsächlich Heiligenlegenden, einfach Hunnen genannt, auf literarische Weise nur auf die verwandte Rolle der beiden Völker hinweisend und somit die literarischen Kenntnisse des Autors zeigend. (Früher nannten manche Autoren aus ähnlichem Grund auch die Awaren Hunnen.)

Aus solchen Überlegungen heraus bezeichneten einige Autoren aus dem 10. Jahrhundert die Hunnen als Ungarn – damals hallte tatsächlich Europa von den Taten der Ungarn wider. Schließlich brachten gebildete Autoren die Ungarn – ausgesprochen oder unausgesprochen – mit den Hunnen in Verbindung, indem sie die auf die Hunnen bezüglichen Teile aus den klassischen Werken, hauptsächlich aus der Beschreibung des Jordanes, einfach auf die Ungarn übertrugen.

Erst in der zweiten Hälfte des 12. Jahrhunderts begann in den wissenschaftlichen Werken die bewußte Darlegung der Identifizierung der beiden Völker, wahrscheinlich zum ersten Mal im Kapitel „De regibus Gothorum" des Werkes *Memoria seculorum* von Gottfried von Viterbo. „Ungari etiam Huni sunt appelati" (die Ungarn werden auch Hunnen genannt), schreibt er. In einem anderen Werk spricht der Verfasser ausführlich über die Goten (die in

Mór Than: Attilas Gastmahl. Nach dem Entstehen der hunnisch-ungarischen Legende wurde auch Attila (Etzel), der Großkönig der Hunnen, zu einer Gestalt der ungarischen Sagenwelt.

seiner Erinnerung als Untertanen Attilas lebten) und leitet sie zusammen mit den Hunnen von den Skythen ab; anderswo nannte er die Awaren Ungarn: „Avari id est Ungari pannonii“ (die Awaren sind die Ungarn Pannoniens). Aber vielleicht müssen wir uns am ehesten auf die Wirkung des Nibelungenliedes berufen, wechseln doch in dieser zur Zeit Attilas spielenden Dichtung die Ausdrücke Hunnenland und Ungerland einander ab, und die im Heldenepos vorkommende Etzilburg (Attilaburg) wurde schon im Mittelalter mit Buda identifiziert.

Der neue Gedanke der hunnisch-ungarischen Verwandtschaft wurde von den ungarischen Gebildeten bereitwillig akzeptiert, und vom 13. Jahrhundert an arbeiteten sie ihn gern in die neuen Chronik-Sammlungen ein, dies um so mehr, als die kollektive Erinnerung fast nichts mehr von den Steppenvölkern des 5. bis 10. Jahrhunderts und von ihren Beziehungen bewahrte. Das Volk Ungarns war bereits nicht nur völlig europäisch, sondern auch nach Europa orientiert; es blickte aus seiner neuen Heimat eher nach dem Westen. Nur einmal noch flammte das Interesse für die Wolga- und Dongegend auf, und zwar als die Erforschung der noch dort lebenden echten Ungarn die Gemüter erregte. Doch da wußte niemand mehr, in welche Richtung man ziehen sollte, um die im Osten gebliebenen Ungarn zu finden.

Die älteste uns überkommene Chronik (um 1210), von deren Verfasser wir nur so viel wissen, daß er der Notarius eines der den Namen Béla tragenden Könige war und so in der Literatur Anonymus genannt wird, erwähnt Attila nur als Árpáds Ahnen, um so für ihn als den berechtigten Erben Attilas einen Rechtstitel für das Land zu schaffen.

Eine andere interessante Neuerung in den Gesta des Anonymus ist, daß er sich bei der Beschreibung der Landnahme an die Namen der teilnehmenden Fürsten und Helden erinnert – an Leute, deren Nachkommen die Standesherren seiner Zeit waren. Inzwischen waren aber drei Jahrhunderte vergangen, soviel Zeit wie seit der letzten Belagerung Wiens durch die Türken oder seit Budas Befreiung bis heute: Es gab keine Aufzeichnungen, die Überlieferung war zweifelhaft, man konnte nicht mehr genau wissen, welche Ahnen welchen Geschlechts zu den Landnehmenden gehört hatten. Da kam ein Gesta-Schreiber gerade recht, der im Zweifelsfall – natürlich auf völlig fiktive Weise – die Abstammung der einzelnen hochadligen Geschlechter beweisen konnte.

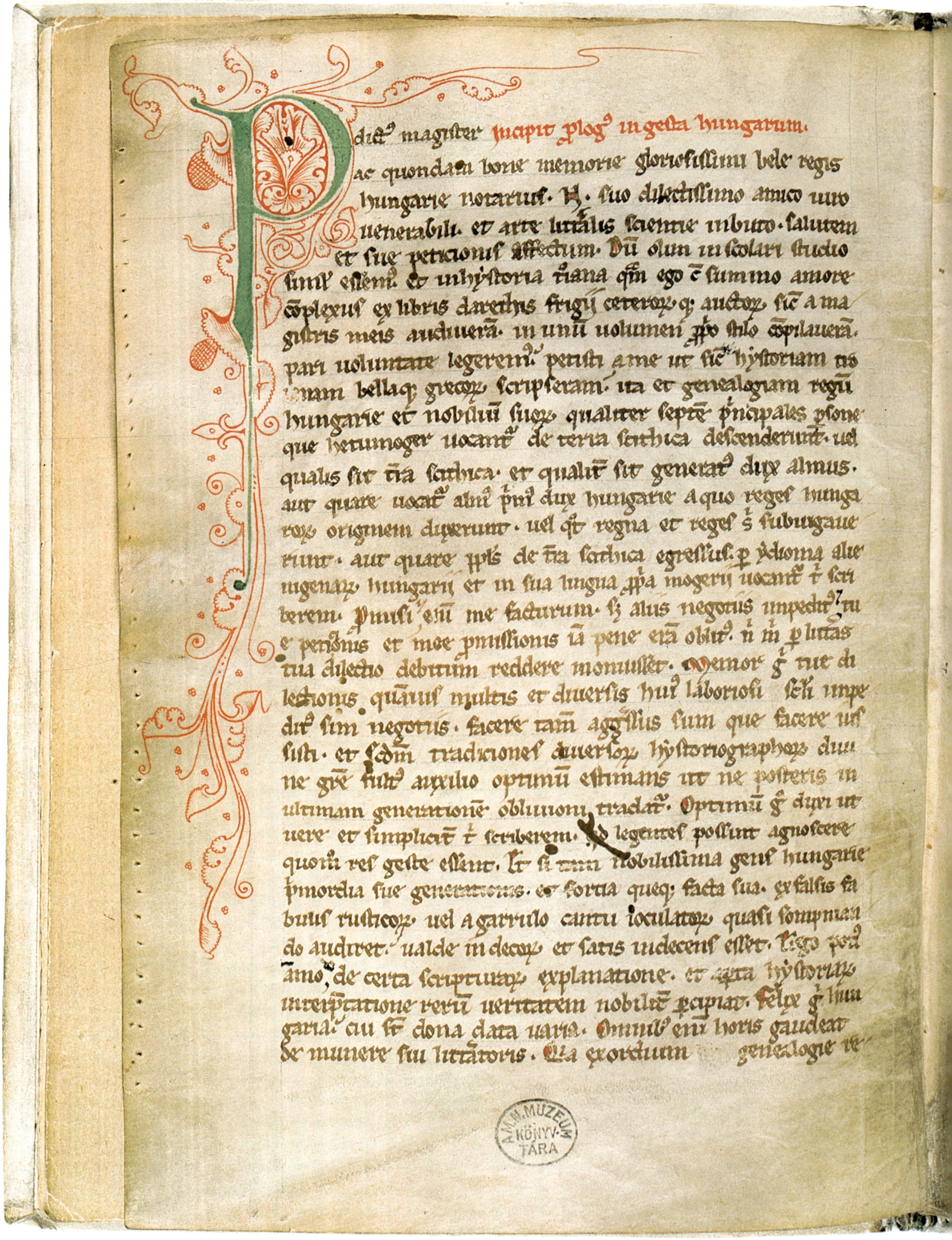

P dictus magister Incipit prologus in gesta hungarorum.
ac quondam bone memorie gloriosissimi bele regis
hungarie notarius. N. suo dilectissimo amico uiro
uenerabili. et arte litteralis scientie inbuto. salutem
et sue peticionis affectum. Dum olim in scolari studio
simul essemus. et in hystoria troiana quam ego cum summo amore
complexus ex libris darethis frigii ceterorumque auctorum sic a ma
gistris meis audiueram. in unum uolumen proprio stilo compilaueram.
pari uoluntate legeremus. petisti a me ut sicut hystoriam tro
ianam bellaque grecorum scripseram. ita et genealogiam regum
hungarie et nobilium suorum. qualiter septem principales persone
que hetumoger uocantur de terra scithica descenderint. uel
qualis sit terra scithica. et qualiter sit generatus dux almus.
aut quare uocatur almi primi dux hungarie a quo reges hunga
rorum originem duxerunt. uel quot regna et reges sibi subiugaue
runt. aut quare populus de terra scithica egressus. per ydioma alie
nigenarum hungarii et in sua lingua propria mogerii uocantur tibi scri
berem. Promisi enim me facturum. sed aliis negotiis impeditus tu
e peticionis et mee promissionis iam pene eram oblitus. nunc in per litteras
tua dilectio debitum reddere monuisset. Memor ergo tue di
lectionis quamuis multis et diuersis huius laboriosi seculi impe
ditus sim negotiis. facere tamen aggressus sum que facere ius
sisti. et secundum tradiciones diuersorum hystoriographorum diui
ne gratie fultus auxilio optimum estimans ut ne posteris in
ultimam generationem obliuioni tradatur. Optimum ergo duxi ut
uere et simpliciter tibi scriberem. et legentes possint agnoscere
quomodo res geste essent. Et si tam nobilissima gens hungarie
primordia sue generationis. et fortia queque facta sua. ex falsis fa
bulis rusticorum. uel a garrulo cantu ioculatorum quasi sompnian
do audiret. ualde indecorum et satis indecens esset. Ergo potius
amore de certa scripture explanatione. et aperta hystoriarum
interpretatione rerum ueritatem nobiliter percipiat. Felix ergo hun
garia. cui sunt dona data uaria. Omnis enim horis gaudeat
de munere sui litteratoris. Ita exordium genealogie re

Warum war das wichtig?

Schließlich war auch das ein Faktor der Schaffung eines Rechtstitels. König Stephan I., der Begründer der Staatsorganisation, differenzierte zwischen den alten und den neuen Großherren. Er sicherte den Stammesführern besondere Rechte (sofern sie sich seinen Plänen unterwarfen): Ihre Nachkommen konnten die ihnen überlassenen gewaltigen Güter erben; diese fielen also nicht an den König zurück. Dieses Erbrecht übten bald auch andere Großherren und Gespane aus; ein sicherer Rechtstitel war aber doch die Zugehörigkeit zu den Landnehmenden – bis zum 14. Jahrhundert, als dann auch für das Recht, Boden zu besitzen, die Gleichheit zum Gesetz erhoben wurde (1351).

Jedenfalls fügten die Verfasser der Gesta und Chroniken der Arpadenzeit ihrer Arbeit immer die Liste der landnehmenden Stämme bei, natürlich mit jenen Familien an der Spitze, mit denen sie in enger Beziehung standen.

Wir können sogar die Vermutung wagen, daß das Interesse für die Geschichte, das sich vom 12. Jahrhundert an zeigte, eng mit den von der Geschichte geschaffenen Rechtstiteln verknüpft war (wie auch im Deutschen Reich)... Es ist jedenfalls bemerkenswert, wie geschichtsorientiert die lateinischsprachige Literatur Ungarns ist. Das war auch noch gegen Ende des 15. Jahrhunderts der Fall, als das erste in Ungarn gedruckte Buch, eine *Chronica Hungarorum,* 1473 in Buda herausgegeben wurde; 1488 erschien eine andere *Chronica Hungarorum* von János Thuróczy sogar in zwei Ausgaben (in Brünn und in Augsburg); sie wurde, wie man heute sagt, ein „Bestseller".

Obwohl in der Geschichtsliteratur die Chroniken und Gesta dominierten, ist uns auch ein einziges Jahrbuch, das *Preßburger Jahrbuch,* erhalten geblieben, das unter der Herrschaft Bélas III. (Ende des 12. Jahrhunderts) entstanden ist. Charakteristisch für dieses Werk ist, daß es seine Angaben mit König Stephan I. beginnt, sich also nur für das christliche Ungarn interessierte.

Die kurzen und langen Silben machen die ungarische Sprache für metrische, klassische Dichtung besonders geeignet, aber ebenso auch für die im Mittelalter beliebte Reimkunst. In ihrer Urdichtung – so scheint es – bevorzugte sie auch die Gedankenreime. Jedenfalls weist die erste überlieferte Dichtung, die ins 13. Jahrhundert datierbare *Altungarische Marienklage,* eine vollendete Form auf, die ohne einen reichen Hintergrund der ungarischsprachigen Dichtung nicht vorstellbar ist. Von diesen älteren Gedichten hat vielleicht die ungeschriebene Überlieferung, die Volksdichtung, das meiste bewahrt.

Die größere Legende des heiligen Gerhard aus der Mitte des 12. Jahrhunderts erwähnt eine Dienerin, die bei ihrer schweren Arbeit – sie mahlte mit der Handmühle das Korn – wunderschön sang. Ebenso wie das Arbeitslied ist auch das Spielmannslied eine alte Überlieferung. Von seiner Langlebigkeit zeugt, daß in

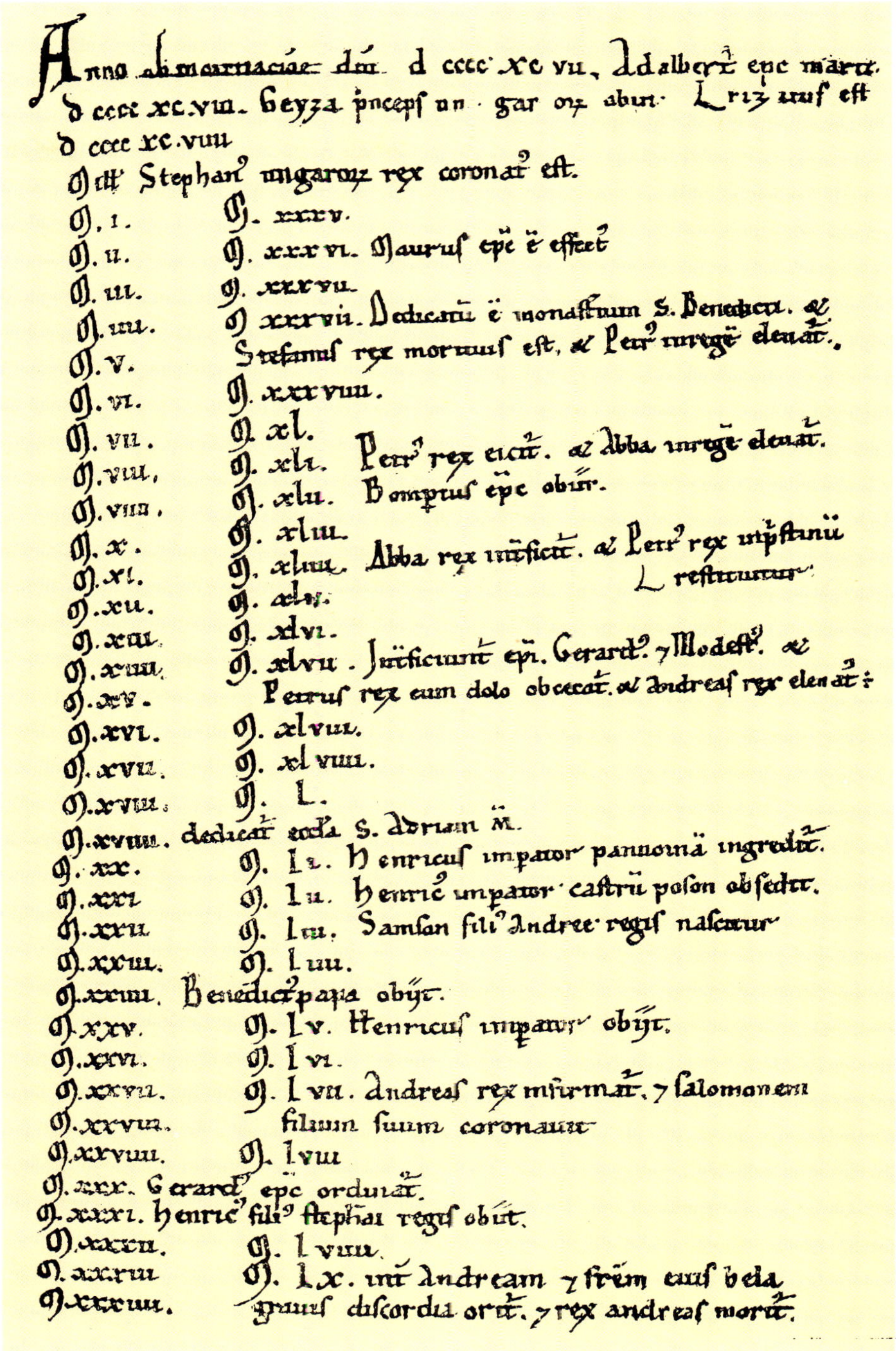

Das Preßburger Jahrbuch aus dem Pray-Kodex. Die knappgefaßten Eintragungen stützen sich auf wahre Aufzeichnungen.

jüngster Vergangenheit – in unserem Jahrhundert – noch solche Lieder aus dem Volksmund gesammelt werden konnten. Der heilige König liebte die Spielleute nicht... Sie waren Sänger des heidnischen Ungarn, die wie zur Zeit Homers mit einfacher Instrumentalbegleitung Heldenlieder und Schamanengesänge vortrugen.

Auf die Spielleute verweist Anonymus in seinen Gesta: „Wenn ihr nicht glaubt, was die Buchstaben dieses Blattes über ihre Kriege und Heldentaten berichten, so glaubt es den schwätzerischen Gesängen der Spielleute und den falschen Märchen der Bauern, die es bis heute nicht zulassen, daß die Heldentaten und Kriege der Ungarn in Vergessenheit geraten. Manche sagen sogar, sie seien ganz bis Konstantinopel gegangen, ja Botond hätte mit seiner Streitaxt sogar das goldene Tor von Konstantinopel eingeschlagen. Doch ich wollte dies, da ich es in keinem einzigen Werk der

Titelblatt der Gesta des „Magister genannten P." (Anonymus): Über Alter und Namen des Verfassers wird seit Jahrhunderten diskutiert.

Den am weitesten entwickelten Typ einer mittelalterlichen Dorfkirche stellt die Kirche von Hévíz-Egregy dar. 13. Jh.

Geschichtsschreiber niedergeschrieben fand und es nur in den falschen Märchen der Bauern hörte, nicht in meine Arbeit hineinnehmen..."

Bald aber schrieben weniger gewissenhafte Autoren als Anonymus, der an der Pariser Universität studiert hatte, in eigener Formulierung allerlei aus den geschwätzigen und „falschen" Liedern ab. Diese lateinischen Aufzeichnungen lassen etwas von dem Reichtum der ungarischen Dichtkunst des 12. und 13. Jahrhunderts ahnen.

Wer lernen wollte, konnte damals nur in Paris auf der Sorbonne die Höhen der Wissenschaft erreichen, aber eine Grund- und Mittelschulausbildung gab es seit Anfang des 11. Jahrhunderts auch in Ungarn – davon zeugt die Legende des heiligen Gerhard. Im 12. Jahrhundert unterhielten die Domkapitel (in Bischofssitzen, also in fast einem Dutzend Städten) und die Klöster Schulen, und zwar mit einem eigenen Schulmeister. 1111 erwähnt eine Urkunde Wilhelm, den Grammatiker des Kapitels von Neutra; wie aus einem Schulbuch aus der ersten Hälfte des 12. Jahrhunderts hervorgeht, umfaßte der Lehrstoff die Fächer Grammatik, Prosodie, Rhetorik, Diktat und Rechnen (das Ausrechnen des Kirchenkalenders, insbesondere der Ostertage). Ab 1179, dem III. Lateraner Konzil, verbreitete sich allmählich in den Bischofssitzen der Brauch, einen sich nur mit dem Unterricht der Schüler befassenden Magister anzustellen und ihn entsprechend zu entlohnen.

Ungarische Studenten besuchten die großen Universitäten Europas sozusagen von deren Gründung an. Wie bereits erwähnt, studierten Ungarn in Paris schon seit der Mitte des 12. Jahrhunderts; der erste, mit Namen bekannte Student war Lukács in den fünfziger Jahren des 12. Jahrhunderts. Seit Ende des 12. Jahrhunderts studierten Ungarn an der Oxforder Universität, und einige Jahrzehnte später besuchten sie auch die nahe, berühmte Universität in Bologna.

Aus den Reihen dieser gebildeten, in Theologie, Mathematik und Jura bewanderten Männer gingen die obere Schicht des weltlichen Klerus, die Prälaten und viele wichtige Amtsträger bei Hof hervor. An der Spitze der Kanzlei konnte nur ein Mann mit weitem Gesichtskreis stehen, der neben seinen Jura- und Theologiekenntnissen viele Urkunden gelesen und

Bélapátfalva, einstige Zisterzienserabtei: die dreischiffige spätromanische Basilika. Erste Hälfte des 13. Jh.s.

sich gemerkt (oder notiert) hatte als Präzedens für andere Fälle. Seit der Zeit Bélas III. sind die Urkunden wahre Meisterwerke der Prosa, ihr Lesen unterhält, und manchmal amüsiert es sogar.

Der frömmste Zweig der Literatur ist zweifellos die Legende: Geschichten über Leben und Wunder der Heiligen, die an kirchlichen Festtagen auch liturgische Bedeutung hatten. Diese Kunstgattung brachte in Ungarn eine reiche Ernte: über Stephan wurden drei, über Gerhard zwei, über Emerich und Ladislaus je eine Legende geschrieben. Über die heilige Margarete (die erst 1943 heiliggesprochen wurde) gab es anscheinend schon im 13. Jahrhundert eine ungarischsprachige Legende, da die Nonnen, deren Vorbild sie war, im allgemeinen nicht Latein konnten und so auf die ungarische Literatur angewiesen waren. Die Legende über die Königstochter Margarete ist in einer verbesserten Kopie aus dem 15. Jahrhundert erhalten.

In Stein gehauene Dichtkunst

Die großen Bauten aus der Mitte des 11. Jahrhunderts zeigen landesweit die für den frühromanischen Stil typische Planung und Ausführung. Seit dem Ende des Jahrhunderts entfaltete sich jedoch schon sowohl bei den neuen Bauten als auch beim Umbau und bei der Erweiterung älterer Gebäude der auf norditalienische Einflüsse zurückgehende spätromanische Stil. In dieser Zeit wurden großartige Kathedralen und Abteikirchen gebaut. Während für die Frühromanik kleinere Ausmaße und intime Wirkung charakteristisch waren, erhoben sich nun monumentale Bauten, die nicht die Zeit, sondern nur kriegerische Zerstörung vernichten konnte. Nicht Monumentalität, sondern reicher Schmuck und Intimität sind für den anderen Zweig der sakralen ungarischen Baukunst, für die Patronatsklöster, charakteristisch. Diese Klöster wurden im Zentrum des Gebiets vornehmer Adelsgeschlechter (ursprünglich der landnehmenden Stämme) gebaut; sie gaben einer kleinen Mönchsgemeinschaft ein Zuhause, und ihre Hauptfunktion

war, die Urkunden usw. des Geschlechts zu bewahren und als Bestattungsort für die Verstorbenen dieses Geschlechts zu dienen. Die Klöster wurden vor allem im 12. Jahrhundert errichtet, an den Bauten sind hauptsächlich norditalienische, zum Teil aber auch französische, mancherorts böhmische und polnische Einflüsse erkennbar.

Ende des 12. Jahrhunderts kam bereits die Gotik auf, das zeigt sich besonders ausgeprägt in Esztergom und im Schaffen der dortigen Bauhütte. Das dort erbaute, genauer gesagt neuerbaute, königliche Schloß ist fast das einzige erhaltene Denkmal der zeitgenössischen weltlichen Baukunst. In dem von Béla III. verordneten Wiederaufbauplan sind bereits auch gotische Elemente zu erkennen. Trotz der herrlichen Ausführung diente es schließlich doch nicht als königliches Schloß, weil Esztergom seine Bedeutung als Königssitz verloren hatte, und 1198 übergab König Emerich den Bau dem Erzbischof von Esztergom. Daß es erhalten blieb, verdankt das Schloß dem Umstand, daß die Esztergom besetzenden Türken den Hof und auch das Gebäude selbst zuschütteten, weil sie darüber für ihre schweren Kanonen eine Schießstellung schaffen wollten. Unter der hohen Zuschüttung künstlich begraben,

Die schönsten Beispiele für die Kirchenmalerei aus dem Hochmittelalter: Hidegség (12. Jh.) und Velemér (14. Jh.).

Fresken in Ócsa.
13. Jh.

Ruine der Prämonstratenser-abteikirche von Zsámbék.
Zweite Hälfte des 13. Jh.s.

blieb das Schloß bis zu seiner zufälligen Freilegung im 20. Jahrhundert erhalten.

Die Gotik der Esztergomer Bauhütte strahlte auf das ganze Land aus, die Spuren ihrer Auswirkung sind sogar weit im Süden, in Zagreb (Agram) und auch im Norden bis Halitsch zu finden. Auch die sich im Land neu ansiedelnden Zisterzienser verbreiteten mit ihren Klosterbauten den neuen Stil, der im 13. Jahrhundert allgemein wurde.

Eine der schönsten westungarischen Kirchen, die im Jahr 1256 eingeweihte Kirche von Ják, weist eher den Einfluß der Spätromanik auf, sie zeigt nahe Verwandtschaft mit der zeitgenössischen österreichischen und mährischen Architektur.

Die Wirkung der österreichischen Gotik belegt jene sehr wichtige Bauhütte, die um die Mitte des 13. Jahrhunderts eine entscheidende Rolle beim Bau der auch noch als Ruine großartigen Prämonstratenser-Klosterkirche von Zsámbék (westlich von Buda), ferner der Sankt-Georgs-Kirche in Veszprém sowie der Dominikanerkirche und der Pfarrkirche Unserer Lieben Frau (die heute Matthiaskirche genannte einstige Krönungskirche) in Buda gespielt hat.

Seit der Zeit der Romanik wurde die die Gebäude schmückende Bauplastik immer reicher. Dazu gehören auf den Kapitellen Statuenportäts mit ungarischer Haar- und Barttracht, die wahrscheinlich Selbstbildnisse der Steinmetze waren; seit dem 11. Jahrhundert kennen wir aber auch andere Statuen, oft sind Königshäupter auf den Kapitellen erhalten geblieben. Ihre individuellen Züge verraten, daß es sich um wirkliche Porträts handeln muß.

Den Hang zur reichen Verzierung in der Spätromanik können wir bei zahlreichen Kirchen und Patronatsklöstern aus dem 12. und 13. Jahrhundert feststellen: Die schönste unter ihnen ist vielleicht die Kirche von Ják.

Mit der Verbreitung der Franziskaner und der Dominikaner entfaltete sich eine entgegengesetzte Tendenz: Diese Orden bemühten sich, im Sinne ihres Armutsgelübdes so einfach und

schmucklos wie möglich zu bauen, um mit den funktionellen Elementen des Gebäudes die frommen, sich nach Schönheit sehnenden Gedanken zum Ausdruck zu bringen.

Eine neue Gefahr aus dem Osten

Ein Grund für den verschärften Gegensatz zum Deutschen Ritterorden war die kumanische Mission: Das südlich und östlich von Siebenbürgen gelegene Gebiet mit dem dort lebenden großen, türkischsprechenden Volk wollten die teutonischen Ritter erobern, was aber die Missionierung behinderte. Nachdem die Ritter Siebenbürgen verlassen hatten, wurde die kumanische Mission dem jungen Dominikanerorden übertragen. Inzwischen hatten auch die Kumanen einen neuen Grund, mit dem benachbarten Ungarn ein besseres Verhältnis anzustreben: die Tataren.

Dieses mongolische Volk war aus seinen fernen asiatischen Stammesgebieten aufgebrochen, hatte die Völker mit verwandter Kultur besiegt, sie in sein Reich und Heer eingereiht und war nach Westen vorgedrungen. Bereits 1223 hatte es die mit den Russen verbündeten Kumanen besiegt. So schickten letztere, obwohl sie bis dahin keine große Begeisterung für die Christianisierung an den Tag gelegt hatten (nicht wenige Missionare wurden von den Kumanen sogar umgebracht), Anfang 1227 eine aus hohen Würdenträgern bestehende Gesandtschaft zum Erzbischof von Esztergom, und bald ließen sich Zehntausende von Kumanen, unter ihnen auch ein Fürst, in Siebenbürgen in Anwesenheit des Königs und des Erzbischofs taufen. Sogar ein kumanisches Bistum wurde gegründet, und ein Dominikanermissionar wurde der erste östlich von Siebenbürgen wohnende kumanische Bischof.

Wie erschreckte Schafe beim Geheul der Wölfe versteckten sich die Völker der südrussischen Steppe beim Herannahen der Tataren; sie suchten Sicherheit, indem sie sich mit ihren Gegnern versöhnten. König Andreas und seine beiden erwachsenen Söhne waren sich der Gefahr aber noch nicht bewußt. Außer ihren Familienstreitigkeiten führten noch zwei weitere Ereignisse zu Unfrieden im Land. Die erwachsenen Söhne, die es sichtlich übelnahmen, daß die Mörder ihrer Mutter unbestraft blieben, erreichten nun die Gütereinziehung der damaligen Verschwörer: Die Güter Simons, Bánks und möglicherweise auch von anderen wurden beschlagnahmt. Das machte aber nicht nur die Betroffenen, sondern auch ihre Anhänger zu Gegnern des Thrones.

Der zweite zeitlich unglücklich gewählte Schritt war die Rücknahme eines Teiles der königlichen Güter. In erster Linie war der bereits gekrönte Thronfolger Béla ein begeisterter Verfechter dieser Politik, aber auch sein jüngerer Bruder Koloman stand auf seiner Seite. Der diplomatische König Andreas unterstützte – wie aus einigen Urkunden hervorgeht – nur zum Schein die Rücknahme der sinnlos verteilten Burggüter, in manchen Fällen aber gab er noch im gleichen Jahr den Geschädigten die von Béla zurückgenommenen Güter wieder zurück. Diese Aktion gab den Hohen des Landes wieder einmal Gelegenheit zu versuchen, den einen Herrscher gegen den anderen auszuspielen.

Béla führte die Rücknahme der Güter nicht unüberlegt durch, das beweist, daß er die reichen Schenkungen der Kirche unberührt ließ, ja er bekräftigte sie sogar. Wegen der kumanischen Mission ließ sich zuerst der Dominikanerorden und 1229 dann auch der Franziskanerorden im Land nieder. Bei ihrer Missionstätigkeit drangen die Dominikaner nicht selten bis ins Zentrum Kumaniens in die südukrainische Ebene vor und lernten die dortigen türkischen Sprachen und Bräuche kennen. Das veranlaßte Béla anscheinend dazu, den Dominikaner Julianus und seine Gefährten zur Auffindung und Bekehrung der verlorenen östlichen Ungarn auszuschikken.

Dahinter stand aber noch eine andere Überlegung. Die Dominikanermönche waren bei der Bekehrung der Kumanen sehr erfolgreich. Der kumanische Bischof war selbst ungarischer Abstammung – er hatte seinen Sitz auf kumanischem Boden. Das Land der Kumanen zog sich viele Tagereisen weit nach Osten hin, es war viel größer als das große Ungarn, und der Fürst der Kumanen, Kötöny, war ihr Verbündeter, ja eher noch ihr Vasall. In weiter Ferne, hinter den Kumanen, lebten angeblich die heidnischen Ungarn, dort finde sich Ungaria Maior... Es müsse ein zahlreiches Volk sein, mit vielen tapferen Kriegern... Würde es zum römisch-katholischen Glauben übertreten, sich seinen Brüdern im Westen anschließen und ihren König anerkennen, welch ein großes Land wäre Ungarn dann von der Leitha, vom Land Friedrichs II., Herzog von Österreich, bis zum Kaspischen Meer!

1231 machten sich also vier Dominikanermönche auf den Weg nach dem rätselhaften Orient. Aus der mündlichen Überlieferung war bekannt, daß dort irgendwo das Magna Hungaria oder Ungaria Maior war, wo die in der Urheimat gebliebenen Ungarn lebten. (Hier bedeutet Magna nicht groß, sondern alt.) Nach drei Jahren kehrte einer von ihnen, Otto, erschöpft und todkrank zurück; er konnte nur noch berichten, daß er mit umherziehenden östlichen Ungarn zusammengetroffen war, mit ihnen gesprochen und erfahren hatte, wo ihr Land lag, dann starb er.

Die eifrigen Ordensbrüder schickten 1235 vier andere Mönche aus, nun aber schon mit festem Reiseziel. Sie reisten auf dem Festland nach Konstantinopel und von dort per Schiff ans Nordufer des Schwarzen Meeres. Von hier führte ihr Weg zum Stammesgebiet der Alanen, doch dann konnten sie nicht mehr weiter, denn niemand war bereit, die Steppe an der Wolga zu durchqueren, da die tatarischen Heere dort umherstreiften. Ein halbes Jahr hindurch darbten sie auf alanischem Boden; sie schnitzten Löffel aus Holz und lebten von deren Verkauf. Sie hatten sich sogar schon entschlossen, zwei von ihnen als Sklaven zu verkaufen, um so zu Geld zu kommen – doch niemand kaufte die ungarischen Dominikaner, konnten sie doch weder pflügen noch mahlen...

Zwei von ihnen machten sich schließlich auf den Weg nach Ungarn, die beiden anderen, Gerhardus und Julianus, aber schlossen sich einer Truppe von Reisenden an und zogen nach Norden. Nach einer siebenunddreißigtägigen Reise trafen sie in der (in anderen Quellen nicht erwähnten) Stadt Bundas ein, wo Gerhardus bald darauf starb.

Julianus, der nun allein war, verdingte sich als Diener bei einem sarazenischen Geistlichen und dessen Frau, die nach Groß-Bulgarien reisten. Hier traf Julianus eine Ungarin, die hierher geheiratet hatte und die ihm endlich Genaues über den weiteren Weg sagte. Nach kaum zwei Tagereisen stieß er am Ufer des großen Stromes Ethyl (Wolga) auf die dort lebenden Ungarn.

„Als sie ihn erblickten und begriffen, daß er ein christlicher Ungar ist, freuten sie sich sehr über sein Kommen, führten ihn durch ihre Häuser und Dörfer und erkundigten sich nach dem König und dem Land ihrer Brüder, der christlichen Ungarn... sie sprachen ungarisch und verstanden ihn, und er verstand sie. Es sind Heiden, die Gott nicht kennen, aber auch keine Götzen anbeten, sondern sie leben wie das unvernünftige Vieh. Sie bebauen den Boden nicht, essen Pferde- und Wolfsfleisch und ähnliche Speisen, sie trinken Pferdemilch und Blut. Sie haben reichlich Pferde und Waffen und sind im Krieg sehr flink. Sie wissen zwar aus den Erzählungen der Sagen, daß die Ungarn von ihnen abstammen, doch wo jene leben, das wußten sie nicht."

Die Freude über das Zusammentreffen wurde aber von der unheilvollen Nähe der Tataren verdrängt. „Das Tatarenvolk ist ihr Nachbar, doch konnten jene sie im Kampf nicht besiegen, ja in der ersten Schlacht besiegten sie sogar die Tataren. Deshalb wählten diese sie zum Freund und Verbündeten, und vereint verheerten sie danach fünfzehn Länder." Julianus traf auch einen tatarischen Boten, der „ungarisch, ruthenisch, kumanisch, deutsch, sarazenisch und tatarisch sprach" und der ihm verriet, daß ein großes tatarisches Heer bereitstehe, gegen Alemannien zu ziehen, es warte nur auf die Rückkehr des zur Vernichtung der Perser ausgeschickten Heeres... Unklar sprach der Bote von einem westlich der Tataren lebenden Volk, das die ganze Welt in Besitz nehmen werde... Alemannien – Deutschland. Der Weg dorthin führte über Ungarn.

Julianus machte sich eilends auf den Heimweg, vergebens versuchten ihn seine neuen Brüder zurückzuhalten. Er besaß unheilverkündende Nachrichten und war der einzige, der sie nach Hause bringen konnte: Die Tataren rüsteten zum Aufbruch. Was sollte geschehen, wenn er erkrankte? Und was, wenn ihn jemand auf dem langen Heimweg als Spion anhielt oder – als katholischen Mönch? Führte ihn doch sein Weg dort, wo keine Heiden waren, an den Anhängern des griechischen Schismas vorbei. Selbst der kurzen Meldung von Mönch Ricardus – leider ist nur diese erhalten geblieben – ist Julianus' Sorge zu entnehmen: Wenn er plötzlich stürbe oder nicht weiterkäme, würde all seine Mühe vergeblich gewesen sein („frustatus esset labor suus")...

Während seiner Abwesenheit war daheim eine große Wende eingetreten. Als die Mönche sich auf Zureden und Kosten des jüngeren Königs Béla auf den Weg gemacht hatten, war der zweimal verwitwete König Andreas II. gerade jungverheiratet und zukünftiger Vater: Seine italienische Gemahlin, Beatrice d'Este trug Stephan unter dem Herzen, den Vater des späteren Andreas III., des letzten Arpadenkönigs. Der kleine Stephan erblickte aber erst nach dem Tod seines Vaters und in der Fremde das Licht der Welt. Sein erwachsener Bruder Béla IV. (1235–1270) saß bereits auf dem Thron, und die schwangere Witwe mußte flüchten.

Die Seele des tatendurstigen, energischen Béla war – außer der Rache an den Mördern seiner Mutter – von einem einzigen großen Ziel erfüllt: die an Unwürdige verschenkten, viele Komitate großen Güter für den König zurückzugewinnen. Er handelte genau umgekehrt wie sein schenkungsfreudiger Vater, dadurch machte er viele und gerade die Mächtigen zu seinen Gegnern und veranlaßte sie zum gemeinsamen Auftreten.

Julianus brachte in aller Eile zwei Botschaften mit aus dem Osten: daß die alten Ungarn tatsächlich dort lebten und die gleiche Sprache sprächen wie die hiesigen Ungarn und daß sie sehr mutig seien – ferner, daß der Tatarenkhan Batu, der Unterführer des Groß-Khans Ögädai, und einer seiner Nachfolger sich darauf vorbereiteten, die abendländische Welt zu erobern. Der große Eroberer Dschingis Khan war erst neun Jahre tot, er hatte seinen Nachkommen ein unermeßlich großes Reich und grenzenlosen Ehrgeiz hinterlassen. Das Reich reichte vom Stillen Ozean bis zum Kaspischen Meer; nur noch ein Drittel dieser Entfernung trennte sie vom Atlantischen Ozean...

Béla gewahrte noch nicht die drohende Gefahr. Julianus war 1236 zu Weihnachten heimgekehrt und hatte von seinen Erfahrungen berichtet. Bald hatte sein Ordensbruder Ricardus seine Erfahrungen auch kurz schriftlich zusammengefaßt. Im folgenden Jahr erhielt Julianus einen neuen Auftrag. Der König schickte ihn mit diesem Bericht zum Papst, damit er dort für die östliche Mission, für die Bekehrung der Kumanen und der östlichen Ungarn, eintrete. Und vier andere Dominikaner – bereits die dritte Gruppe – erhielten den Auftrag, sofort dorthin zu gehen, woher Julianus gekommen war, und die Brüder dort endlich zu christianisieren.

Diese Mönche reisten nun auf dem inzwischen bekannten kürzeren Weg. Durch die russischen Fürstentümer gelangten sie bald in die östliche russische Provinz, an die Grenzen von Susdal. Dort trafen sie auf einige geflohene östliche Ungarn. In dem Jahr, das seit Julianus' dortigem Aufenthalt vergangen war, hatten die Tataren die östlichen Ungarn überrannt und zerstreut, es gab kein Ungaria Maior mehr... Die Mönche machten sich eiligst an die Bekehrung der wenigen am Leben gebliebenen östlichen Brüder.

Doch die Sache kam dem Fürsten von Susdal zu Ohren, und er verwies die Gesandten der römisch-katholischen Kirche des Landes. Julianus, der inzwischen seinen Ordensbrüdern gefolgt war, konnte nur noch erfahren, daß Batu Khan einen Brief an Béla geschrieben hatte – der Brief war übrigens in die Hände des Fürsten von Susdal geraten –, in dem er den ungarischen Herrscher aufforderte, sich friedlich der Tatarenherrschaft unterzuordnen.

Béla IV. hatte jedoch andere Sorgen. Er setzte seine Politik der Güterrücknahme fort und machte so immer mehr von seinem Vater beschenkte Adlige zu Gegnern seiner Politik. Obwohl er ein glaubenseifriger Katholik war, empörte er jetzt sogar die Kirche gegen sich, da er anfing, auch die kirchlichen Schenkungen zu überprüfen. Und in allen benachbarten Provinzen verfolgte er seine weitgesteckten Eroberungsziele. Auf dem Balkan wollte er zusammen mit dem Katholizismus auch seine eigene Herrschaft ausbreiten; auf russischem Boden mischte er sich ebenfalls in die Zwistigkeiten der Fürsten und Thronanwärter ein.

Ebenso mischte er sich auch in den Streit zwischen dem Herzog des benachbarten Österreich, Friedrich II., und dem Kaiser Friedrich II. ein: Er verwandte sich beim Papst für den Kaiser und bat ihn, diesen nicht mit dem Kirchenbann zu belegen. Früher waren nämlich Herzog Friedrichs Bewaffnete mehrmals ins Land eingefallen, und Béla schrieb es dem Eingriff des Kaisers zu, daß diese Zwischenfälle nun unterblieben.

Immer mehr Nachrichten trafen jedoch aus dem Nordosten ein: Die einander bekriegenden russischen Fürsten Michail und Danilo suchten Béla abwechselnd auf, um gegen den anderen Hilfe zu verlangen. Schließlich gaben Michail und sein Sohn Rastislaw Kiew auf, das vom Osten her von den Tataren, vom Westen her von Danilo bedroht wurde. Letzterer war Ende 1240 gerade bei Béla, als ein tatarisches Heer mit einem schlagartigen Angriff Kiew, die Mutter aller russischen Städte, besetzte...

Die Gesandten des stolzen kumanischen Fürsten Kötöny waren schon früher am Hof Bélas erschienen, hatten von der vernichtenden Niederlage des kumanischen Heeres (1238) berichtet und Kötönys Bitte vorgetragen: Béla möge ihn und sein noch immer bedeutendes Heer in das Land hineinlassen, um dort als ein dem ungarischen König unterstellter freier Herr leben zu können.

Béla ließ die Zehntausende von Kriegern ins Land – für sein Ziel konnte er Soldaten wirklich gebrauchen – und siedelte sie, soweit sich die Kumanen überhaupt niederließen, im Flachland von Mittelungarn an. Lebensweise und Kampfart der Kumanen ähnelten denen der landnehmenden Ungarn (seitdem waren schon dreihundertfünfzig Jahre vergangen!), noch immer dominierte die umherziehende, halbnomadische Art der Viehzucht. Und daraus ergaben sich immer wieder Konflikte. Die von anderen bebauten grünen Kornfelder waren für die Kumanen nur schöne grüne Weiden, die Tochter des anderen eine Frau für sie selbst. Nur daß die Kumanen ihre Auserwählte (ebenso wie noch vor vierhundert Jahren die Ungarn) durch Raub erwarben. In den Augen der christlichen Ungarn war dieses Vorgehen aber eine schreckliche Sünde. Und jedes Unrecht, das ihnen von seiten der Kumanen widerfuhr, verlängerte in den Augen der Ungarn Bélas Sündenregister. Warum hatte er ihnen die Kumanen auf den Hals gehetzt? Gewiß, um mit Hilfe ihrer Heere seinen eigenen Untertanen zu drohen! (Daran mochte auch etwas Wahres gewesen sein...)

Was schrieb hierüber der scharfblickende Zeitgenosse, der in Italien geborene Rogerius, Kanoniker von Großwardein, in seinem *Carmen miserabile* (um 1243) betitelten Bericht? Seiner Meinung nach gab es fünf Gründe für den Haß des Volkes auf seinen König: Der erste waren die Verheerungen durch die vom König hereingeholten Kumanen; der zweite die Rachemaßnahmen nach dem Tod seines Vaters wegen seiner Mutter und die Erniedrigung der ungarischen Hochadligen; der dritte, daß er nicht nach alter Sitte Schenkungen machte, ja sogar die früheren zurücknahm; der vierte, daß er sich nicht persönlich mit den Angelegenheiten seiner Adligen befaßte, sondern daß sie ihre Wünsche schriftlich einreichen mußten und er diese durch seine Kanzlei erledigen ließ. Und schließlich der fünfte Grund: „Sie führten auch an, daß der König ohne ihren Rat, ja sogar gegen ihren Willen zu ihrer Unterdrückung und Beschämung die Kumanen ins Land geholt hat. Denn wenn die Ungarn gerufen oder ungerufen an den Hof gingen, konnten sie den König höchstens von weitem sehen, sprechen aber konnten sie mit ihm nur durch andere. Kam aber sogar der kleinste Kumane dorthin, konnte er getrost eintreten, sobald sich die Tür öffnete. Für den König kamen die Kumanen auf Versammlungen und im Rat vor den Ungarn. Die Unzufriedenheit der Adligen darüber war so groß, daß sie sich kaum zurückhalten konnten, und wenn es aus ihnen auch nicht herausbrach, waren sie ihm nicht gut gesonnen, und in ihren Köpfen gingen nicht gerade friedliche Gedanken herum."

Meister Rogerius stand aber auf dem Niveau der zeitgenössischen Wissenschaft, und nach scholastischer Auffassung, das wußte er wohl, führt der Zusammenstoß der verschiedenen Standpunkte zur Wahrheit. Deshalb fügte er den fünf Gründen des Hasses sogleich die Antwort derjenigen hinzu, die entgegengesetzter Meinung waren. „Antwort auf die fünf Gründe

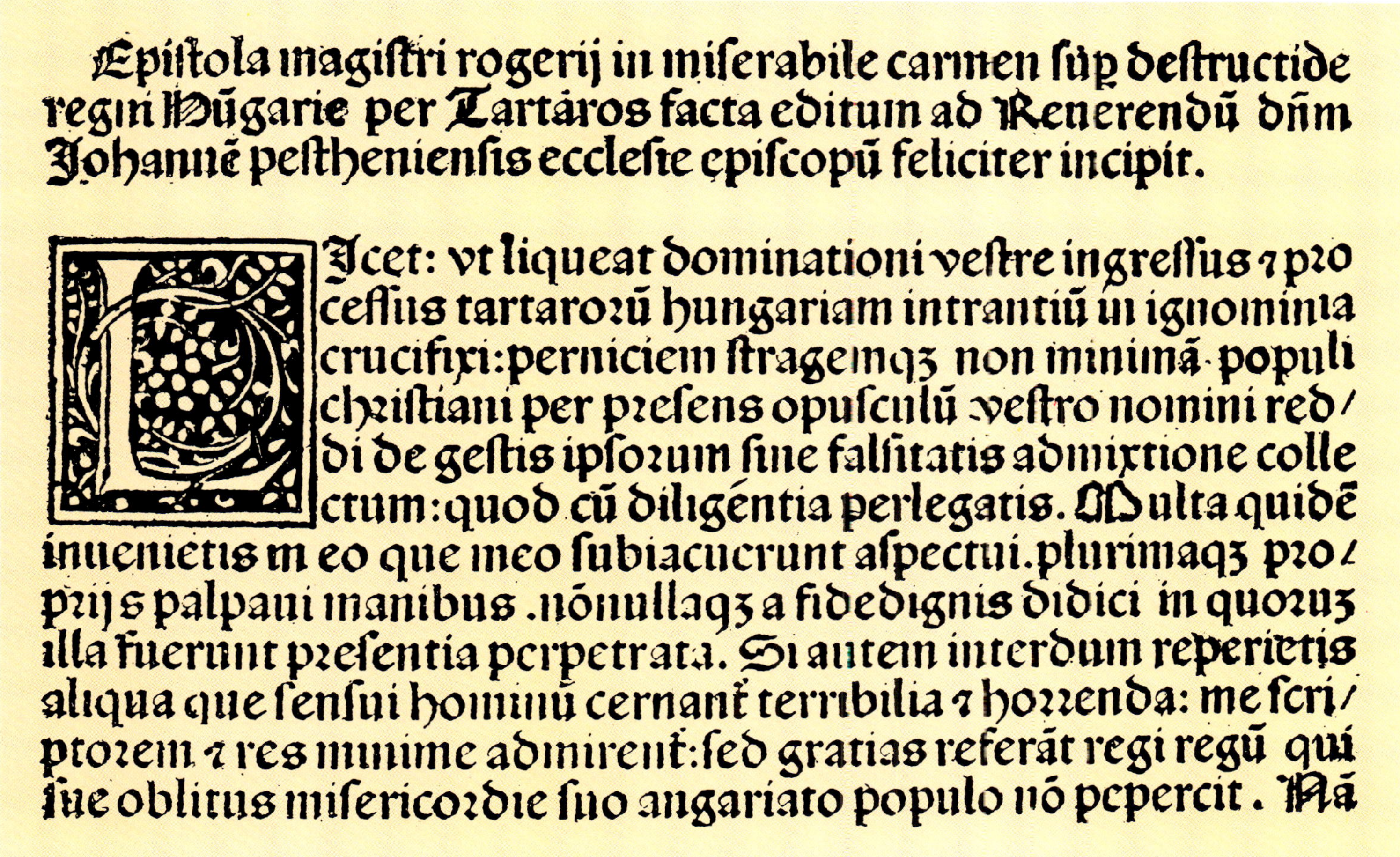
Epistola magistri rogerij in miserabile carmen sup̄ destructiōe regni Hūgarie per Tartaros facta editum ad Reuerendū dn̄m Johannē pesthenienfis ecclesie episcopū feliciter incipit.

Licet: vt liqueat dominationi vestre ingressus ⁊ pro cessus tartarorū hungariam intrantiū in ignominia crucifixi: perniciem stragemq; non minimā populi christiani per presens opusculū vestro nomini red/ di de gestis ipsorum sine falsitatis admixtione colle ctum: quod cū diligentia perlegatis. Multa quidē inuenietis in eo que meo subiacuerunt aspectui. plurimaq; pro/ prijs palpaui manibus. nōnullaq; a fidedignis didici in quorū illa fuerunt presentia perpetrata. Si autem interdum reperietis aliqua que sensui hominū cernant terribilia ⁊ horrenda: me scri/ ptorem ⁊ res minime admirent: sed gratias referāt regi regū qui sue oblitus misericordie suo angariato populo nō pepercit. Nā

Erste Ausgabe des Carmen miserabile (Klagelied) betitelten Berichtes von Rogerius als Anhang der Thuróczy-Chronik. 15. Jh.

des Hasses. Man sagte, es sei eine völlig irrige Ansicht, daß der König die Kumanen zur Unterdrückung und aus Haß gegen die Ungarn ins Land gebracht hätte; er tat dies einzig nur deshalb, um in Ungarn die Ehre von Gottes Namen noch zu seiner Zeit zu heben, und wenn es einmal geschehen sollte, daß Krieg gegen die Feinde seiner Krone ausbrach, so könnte er mit den Kumanen zusammen mutiger und härter kämpfen. Wenn er den Kumanen mehr Achtung entgegenbrachte als den Ungarn, so hätten sie ihm das nicht verübeln sollen. Es paßte zu seiner Königswürde, daß er die hereingerufenen Gäste ehrte, besonders weil er ihnen das geschworen hatte, und dieses Volk begann ihm auch in seinem Glauben zu folgen. Inmitten des Hasses von seiten der Ungarn war nur der König ihr Beschützer. Ihrem Fürsten, Kötöny, stand der König selbst, bei vielen anderen standen seine Adligen und seine Hauptleute Pate, und sie hatten auch schon Ungarn geheiratet. Dennoch hätten sie nicht in Ungarn bleiben können, wenn ihnen der König nicht gnädig gewesen wäre.

Sich all das anhörend, was von der einen und von der anderen Seite vorgebracht wurde, spricht der Schriftsteller in dieser Angelegenheit kein Schlußurteil. Möge der Leser mit Hilfe der Wahrheit entscheiden, wenn er dazu überhaupt imstande ist."

Die Adligen waren also auf die Kumanen eifersüchtig und schätzten es nicht, daß der König durch die Kumanen unabhängiger von seinen Höflingen geworden war. Die Bauern sahen in den Kumanen nur ein gewalttätiges nomadisches Volk, das ihre Saat vernichtete. Obendrein glaubten viele, die Kumanen und die Tataren seien *ein* Volk – sie verstanden ja ihre Sprache nicht. Und der König, der sie in seine Dienste genommen hatte, schien keine Anstrengungen zu machen, um die kumanisch-ungarischen Gegensätze auszugleichen. Daraus entstand dann ein großes Unheil. Es wiederholte sich die jahrtausendealte, aber ewig neue Geschichte der Feindseligkeiten zwischen dem ansässigen Bauernvolk und den unter ihnen lebenden berittenen Kriegern, und wie dreihundert Jahren zuvor war einer der Beteiligten das Ungartum – nur daß es nun auf der anderen Seite stand. Eine europäische, zivilisierte Nation erlitt jenes Unrecht, das sie früher selbst anderen angetan hatte...

Und dabei handelte es sich noch nicht einmal um die feindlichen Tataren. Deren Heere bewegten sich schnell. Sie schleppten keine Lasten mit sich, denn was sie brauchten, das raubten sie an Ort und Stelle. Nach der Besetzung von Kiew (Dezember 1240) waren sie sehr bald an den Karpaten, an dem „russisches Tor" genannten Paß von Verecke angelangt, und Palatin Dénes, der Kommandant der „Torhüter", schickte eine Botschaft zum König und bat um Hilfe.

Die Tataren zogen mit mehreren großen Heeren gegen Ungarn und griffen von Osten und Südosten her, über die Pässe Siebenbürgens an. Nach den erfolgreichen russischen, wolhynischen und polnischen Feldzügen griffen sie im März 1241 mit einem kleineren Heer das schlecht geschützte „russische Tor" an, und nachdem sie die kleine Truppe des Palatins Dénes besiegt hatten und auf keinen Widerstand mehr stießen, drangen sie tief in das Land ein. Kaum einige Tage später standen sie bereits vor Vác (Waitzen) und Pest. Den Bischofssitz Vác (kaum dreißig Kilometer von Pest) hatten sie bald besetzt; den Bischof trafen sie aber nicht mehr an: Er war bereits unterwegs und begleitete die Königin auf Befehl des Königs zur Westgrenze.

Auf die alarmierende Nachricht hin schickte der König seine Leute aus, um ihre Heere nach Pest ins Lager zu bringen. Er bat auch Herzog Friedrich von Österreich um Hilfe und ließ den Fürsten der Kumanen, Kötöny, mit seinen Reitern ebenfalls zu sich rufen. Friedrich erschien auch bald mit einer Truppe schwerer Reiterei, er kämpfte sogar gegen ein kleineres tatarisches Heer und zersprengte es. Der kumanische Fürst wagte sich aber wegen der drohenden öffentlichen Stimmung nicht aus seiner Behausung. Der kämpferische Erzbischof von Kalocsa, Ugrin, überfiel eine tatarische Truppe, die aber ergriff zum Schein die Flucht und lockte seine Armee ins Moor, wo sie mit Pfeilen niedergemetzelt wurde; nur mit Mühe und Not konnte der Erzbischof selbst entkommen.

Die plötzliche Veränderung war kaum zu glauben. Von einem Moment auf den anderen wurde das Land aus seinem ruhigen, friedlichen Leben gerissen, in dem nur die täglichen Sorgen und kleinen Reibereien die glücklichen Jahre störten. Nun nisteten die Tataren, von denen man früher nicht einmal gehört hatte, bereits in der Mitte des Landes. Sie lockten die ortskundigen ungarischen Truppen in die Falle, die fremden österreichischen Reiter dagegen siegten gegen sie. Wieso? Gab es Spione unter den Ungarn? Die früheren Verdächtigungen erwachten. Nur die Kumanen konnten die Spione sein. Und es stimmte auch, daß die Tatarenherrschaft nicht wenige der mit den Kumanen nahe verwandten, türkischsprechenden Völker in ihre Armee zwang. Als Béla Fürst Kötöny rufen ließ, bat dieser für sich um zuverlässigen bewaffneten Schutz gegen die Ungarn. Sobald sich die Nachricht hiervon verbreitete, entstand ein bewaffneter Auflauf, und Kötönys Unterkunft wurde gestürmt. Bald waren die Verteidiger überrannt und der kumanische Fürst ermordet.

Das kumanische Heer erfuhr im Lager sofort von der Schreckenstat und wurde vom Verbündeten sogleich zum Feind. Die Kumanen beschlossen, nach Süden hin – wo sie nicht mit Tataren zu rechnen hatten – das Land zu verlassen, aber unterwegs brannten sie Dörfer nieder, mordeten und raubten. Bald verließ auch Herzog Friedrich das Lager von Pest; die Gefahr wuchs, kaum aber das Heer.

Bisher hatten auf beiden Seiten nur die Vorposten, kleine Truppen miteinander gekämpft; die bis zu den Mauern von Pest vordringenden tatarischen Truppen waren nur eine kleinere Verfolgungsarmee, die dem von Verecke fliehenden Palatin folgte. Ein wesentliches Kriegsprinzip der Tataren war, daß der Anführer des Gegners um jeden Preis gefangen oder vernichtet werden muß... Diese Armee war zum Hauptheer zurückgekehrt: Den Palatin hatte sie zwar nicht erwischt, dafür aber Vác und Eger, zwei Bischofssitze, besetzt und ausgeraubt; sie hatte die ungarische Armee ausgekundschaftet und im ganzen Land Schrecken verbreitet – es war eine beliebte Waffe der Tataren, durch blindes Entsetzen den nüchternen Verstand zu lähmen.

Mit den unterdessen im Lager eingetroffenen Truppen hatte die ungarische Armee ihre größtmögliche Kraft erreicht und setzte sich in Marsch gen Osten, um den zu erwartenden Hauptangriff der Tataren abzuwehren. Zur entscheidenden Schlacht kam es bei Muhi am ostungarischen Flüßchen Sajó: Die Tataren lagerten am jenseitigen Ufer, sie hatten aber die Brücke in ihrer Hand. Die am diesseitigen Ufer lagernde ungarische Armee schien der tatarischen zahlenmäßig überlegen zu sein; sie verfügte aber bei weitem nicht über deren Kriegserfahrung. Die Ungarn schlossen sich in einem engen Lager ein und versäumten die Bewachung des tatarischen Lagers und des Flusses. Die Tataren planten, auf der Brücke und auf einer entfernten Furt in zwei Teilen das Flüßchen Sajó zu überqueren und die Ungarn zu umzingeln, den Feind dann mit einem plötzlichen Angriff zu überraschen und in die Flucht zu schlagen.

Fast wäre ihnen ein Fehler unterlaufen: Ein russischer Gefangener, der aus dem Lager der Tataren geflohen war, brachte den Ungarn die Nachricht vom bevorstehenden Angriff des Feindes. Leider hielten die Ungarn jedoch den Versuch einer kleineren tatarischen Truppe zur Überquerung des Flusses – den sie zurückschlugen – für den zu erwartenden Angriff und gingen ruhig schlafen, in der Annahme, schon gesiegt zu haben. Inzwischen begann der wirkliche Angriff entsprechend dem ursprünglichen Plan des Tatarenführers Batu Khan. Als die Wachen das ungarische Lager alarmierten, brach Panik aus. Unterdessen fanden die Tataren bereits an mehreren Stellen Übergänge über den Fluß, und gegen Morgen hielten sie das Lager völlig umzingelt, auf dessen engem Gelände zusammengepfercht sich die ungarische Reiterei nicht entfalten konnte.

Als es hell wurde, begannen die Angreifer das Lager mit einem Pfeilregen zu überschütten; mit Brandpfeilen zündeten sie viele Zelte an, wodurch die Panik noch gesteigert wurde. Den Zusammengedrängten gaben die Tataren den Fluchtweg frei, nur um den sich auf der Flucht nicht einmal mehr wehrenden Feind leichter niedermetzeln zu können. Sie warteten darauf, auch den Führer der Ungarn, den König, in ihre Hände zu bekommen.

Béla aber hatte sich in entgegengesetzter Richtung auf den Weg gemacht, und mit einer Handvoll Begleiter gelang es ihm, unbehelligt über das bergige Gebiet Nordungarns Westungarn zu erreichen. Anderen Vornehmen war das Schicksal nicht so gnädig: Zahlreiche kirchliche und weltliche Führer wurden von kleineren tatarischen Truppen zu Tode gehetzt. Die einzige Armee, die den Tataren hätte Widerstand leisten könne, war also völlig vernichtet, obwohl es noch vielerorts kleinere Truppen gab.

Der König, der ständig verfolgt wurde, traf in Preßburg und danach auf den Ruf Herzog Friedrichs hin in Hainburg ein; diesmal erhielt er vom österreichischen Herzog aber keine Hilfe: „In dieser Not bat König Béla IV. 1241 Herzog Friedrich um Hilfe und überließ ihm dafür die Besetzung der drei zum Großteil deutsch besiedelten Grenzkomitate Wieselburg, Ödenburg, Eisenburg. Nach dem unerwarteten und raschen Abzug der Mongolen verweigerte der Herzog aber die Rückgabe, und Béla mußte sie 1242 rückerobern."

Obendrein sah Friedrich die Zeit für gekommen, von Béla die aufgrund eines früheren Vertrages gezahlten fast zehntausend Silbermark zurückzuverlangen; an Zahlungs Statt beraubte er den fliehenden König all seiner Wertsachen... Nachdem er sich von seinem Gastgeber befreit hatte, begab sich der Herrscher mit seiner Gemahlin und einem kleinen Gefolge nach Süden.

Inzwischen besetzten die Tataren bereits methodisch die ungeschützten Gegenden des Landes: Sorgen bereiteten ihnen nur die wenigen befestigten Burgen und Städte. Der Südflügel des Hauptheeres drang über die Pässe Siebenbürgens in das Land ein und besetzte bald das sächsisch besiedelte Gebiet Südsiebenbürgens; die Tataren zwangen sogar eine mehrere hundert Mann starke sächsische Reitertruppe dazu, sie zu führen und mit ihnen zu kämpfen. Nachdem sie kleinere Städte, dann Klausenburg (ung. Kolozsvár, heute Cluj-Napoca, Rumänien) besetzt hatten, erreichten sie bald die große, berühmte Stadt und Burg Großwardein. Hier lebte der bereits erwähnte Verfasser des *Carmen miserabile* als Kanoniker; es folgt sein Bericht:

„Die Tataren besetzten schnell die Stadt, einen Großteil brannten sie nieder und ließen nichts heil, was sich außerhalb der Burgmauern befand. Nachdem sie die Beute zusammengesammelt hatten, metzelten sie alle Männer und Frauen höheren und niederen Ranges auf den Straßen, in den Häusern und auf der Wiese nieder. Wozu soll ich viele Worte machen? Weder Alter noch Geschlecht fanden bei ihnen Gnade. Danach zogen sie sich plötzlich von dort zurück, nahmen alles mit und entfernten sich. Zirka fünf Meilen von der Burg entfernt ließen sie sich nieder und näherten sich viele Tage lang nicht der Burg. Deshalb nahmen die Burgbewohner an, sie wären wegen der Stärke der Burg abgezogen. Denn die Burg war von tiefen Gräben umgeben und die Mauern mit hölzernen Türmen befestigt, und viele gepanzerte Krieger befanden sich dort. Und als die Tataren ab und zu kamen, um Ausschau zu halten, versuchten die ungarischen Krieger sie sogar zu Pferde zu verfolgen.

Als sie sich dann mehrere Tage hindurch nicht vor der Burg sehen ließen, glaubten die Ungarn schon, sie hätten sich ganz entfernt. Und darauf vertrauend, kamen sehr viele Soldaten und andere Leute aus der Burg heraus und begannen in die verbliebenen Häuser einzuziehen. Aber eines Morgens griffen die Tataren, von denen die Ungarn nicht wußten, wo sie sich aufhielten, sie an, und die meisten von ihnen, die nicht mehr in die Burg zurückfliehen konnten, ermordeten sie.

Und sie umzingelten auch sofort die Burg, stellten gegenüber der neugebauten Mauer sieben Belagerungsmaschinen auf und schossen aus diesen Tag und Nacht Steine auf die Mauer, bis diese ganz zusammenfiel. Dann bestürmten sie den ruinierten Turm und die Burg und nahmen sie im Sturm ein. Sie ergriffen alle Soldaten, Geistlichen und anderen, die bei der Belagerung nicht gefallen waren, und erschlugen sie mit dem Schwert. Die vornehmen Damen, Fräulein und adligen Mädchen wollten in den Dom fliehen. Die Tataren aber, die den Soldaten ihre Waffen abgerungen hatten und den Geistlichen alles, was sie besaßen, unter grausamen Martern fortnahmen, setzten den Dom, als sie nicht sofort eindringen konnten, in Flammen, und ließen alles, was in der Kirche war, auch die vornehmen Damen, verbrennen. In anderen Kirchen begingen sie an den Frauen solche Grausamkeiten, daß es besser ist, darüber zu schweigen, damit ich die Menschen nicht solche Verruchtheiten lehre. Bürger und Adlige, Soldaten und Geistliche wurden außerhalb der Stadt gnadenlos geköpft. Dann wühlten die Tataren die Gräber der Heiligen auf und zertrampelten mit ihren sündigen Füßen die Reliquien; die Weihrauchkessel, die Kreuze, die goldenen Kelche und Gefäße, alle Altargegenstände schändeten sie. Sie zerrten Männer und Frauen in die Kirchen, und nachdem sie sie schamlos mißbraucht hatten, töteten sie sie ebenda.

Nachdem sie alles zerstört hatten und die Leichen unerträglichen Gestank verbreiteten, gingen sie fort, und der Ort blieb verwaist. Da kamen die Menschen, die sich in den umliegenden Wäldern verborgen hatten, herbei, um etwas Eßbares zu finden. Während sie jedoch unter den Steinen und Leichen suchten, wurden sie von den Tataren, die zurückgekehrt waren, überfallen, und von den dort Angetroffenen wurde niemand am Leben gelassen. Und so wiederholte sich die Metzelei jeden Tag, solange noch Menschen dort lebten. Als niemand mehr da war, den sie hätten umbringen können, machten sie sich endgültig von hier fort."

Rogerius konnte sein Leben nur retten, indem er nicht auf die befestigte Burg vertraute, sondern sich mit seinen Dienern und Pferden in einem dichten Wald versteckte. Später gelangte er an einen gutgeschützten Ort – doch die Tataren eroberten auch diesen. Da aber die Erntezeit nahte, verbreiteten die Tataren die Kunde, jeder, der sich bisher versteckt hatte, könne hervorkommen und unter der Herrschaft der tatarischen Khane im Dorf leben. Die Leute kamen freudig herbei, richteten sich ein und ernteten. Die Khane forderten ständig Geschenke, sie verschleppten die hübschen Frauen, ja sie vergewaltigten sie sogar vor den Augen ihrer Angehörigen – doch ihr Leben

Das Siegel der Esztergomer Lateiner (Italiener, Franzosen) aus dem 13. Jahrhundert.

und ihre Dörfer schienen sie ihnen zu lassen. „Einmal", so schreibt Rogerius, „gaben alle Khane den Befehl, daß aus gewissen Dörfern alle Männer, Frauen und Kinder zusammen mit ihren Geschenken vor ihnen erscheinen sollten... Die Khane kamen, um die Geschenke zu übernehmen, und nachdem sie sie übernommen hatten, führten sie die Geschenkgeber in ein Tal, raubten sie aus, nahmen ihnen ihre Kleider fort und metzelten sie dann auf grauenhafte Weise nieder... denn aus Vorsicht hatten sie das Volk zwar eine Weile am Leben gelassen, damit es die Ernte einbrachte und die Trauben einsammelte, das aber wollten sie nicht, daß die Bewohner auch verzehrten, was sie eingesammelt hatten."

Schätzungen nach überflutete ein Heer von zirka hunderttausend Mann das Land, und die von Rogerius beobachteten Grausamkeiten wiederholten sich überall. Einige sehr gut befestigte Burgen ausgenommen, gelang es den Tataren, das ganze Land zu besetzen. Der folgende Winter war unglücklicherweise sehr kalt, und auf der zugefrorenen Donau konnten sie auch in das reiche Transdanubien, nach Westungarn ziehen. Hätte die Tatarenherrschaft noch ein Jahr lang gedauert, wäre die gesamte Bevölkerung ausgerottet worden, die nur in Schlupfwinkeln ihr Leben retten konnte.

Nachdem es ihnen mit unmenschlichen Methoden gelungen war, den ungarischen Widerstand völlig zu brechen, bereiteten sich die Tataren auf ihr eigentliches Ziel, den Angriff auf Deutschland, vor. Sie vergaßen dabei aber nicht, dem nach Dalmatien geflohenen König Truppen nachzuschicken. Diese Truppen belagerten zuerst Split (Spalato), doch als sie hörten, daß sich der König hier nicht aufhielt, begannen sie die Burg Clissa zu belagern. Als sie erfuhren, daß sich der König mit seiner Familie in der Burg Trau auf der Insel versteckte, zogen sie in deren Nähe. Der König hatte schon ein Schiff anfertigen lassen, um beim Herannahen der Tataren in See zu stechen – doch da zogen die Tataren plötzlich vor Trau ab. Und nicht nur von dort. Die gesamten tatarischen Heere brachen auf und kehrten in vollkommener Schlachtordnung mit ihren Gefangenen, mit dem erbeuteten Vieh und aller anderen Beute über die Karpatenpässe durch Kumanien in ihre Steppenheimat zurück.

Sowohl die Zeitgenossen als auch die Nachwelt rätselten darüber, was wohl der Grund für den plötzlichen planmäßigen und geordneten Abzug der Tataren aus Ungarn gewesen sein mochte. Man brachte den Vorfall mit dem Tod von Ögädai Khan (11. Dezember 1241) in Verbindung: Batu Khan und die anderen im Heer kämpfenden Dschingis-Enkel wollten wahrscheinlich an der Wahl des Groß-Khans teilnehmen; doch diese fand erst Jahre später, 1246, statt. Andere waren der Auffassung, daß die Tatarenführung meinte, ihr Ziel in Ungarn erreicht zu haben: Sie hatten das Land ausgeplündert, gepeinigt und auch kennengelernt und sich so auf eine spätere, endgültige Rückkehr vorbereitet – doch dazu kam es nicht mehr.

Wie dem auch sei, im Winter 1242 verließen die Tataren nach einem schrecklichen Jahr das Land. Sie hinterließen leere Dörfer, modernde Kadaver, niedergerissene, ausgeraubte Städte und einen schlechten Ruf, den sieben Jahrhunderte nicht aus der Erinnerung des ungarischen Volkes ausmerzen konnten.

Die Geschichte des Mittelalters ist erfüllt von Länder zerstörenden Kriegszügen, von einander vernichtenden Nachbarn: Der Krieg ist immer ein grausames Geschehen. Hier ging es aber noch um etwas anderes. Die tatarischen Heere wüteten überall – von den mittelasiatischen Ländern der Moslems bis nach Polen – so, als wüßten sie nicht, daß sie mit ihren Feinden etwas gemein hatten. Sie vernichteten die Völker, die sie durch ihre große Kriegskundigkeit und wirklich spitzfindige List schutzlos machten und unterwarfen, als handele es sich um irgendeine schädliche Rasse, die ausgerottet werden muß, um die Weiden mit nützlichem Vieh bevölkern zu können... „Weder Alter noch Geschlecht fanden bei ihnen Gnade." Nicht einmal die dreihundert schönen Frauen wurden begnadigt, die sich im besetzten Esztergom in schönen Kleidern und aufgeputzt den Siegern anboten: Sie wurden gnadenlos geköpft.

Visu pulcra perierunt
pretiosa viluerunt
Ordo, sexus, etas ruit
qui iuvaret nemo fuit
in hac pestilentia...

(Planctus destructionis regni Hungariae per Tartaros. 1242)

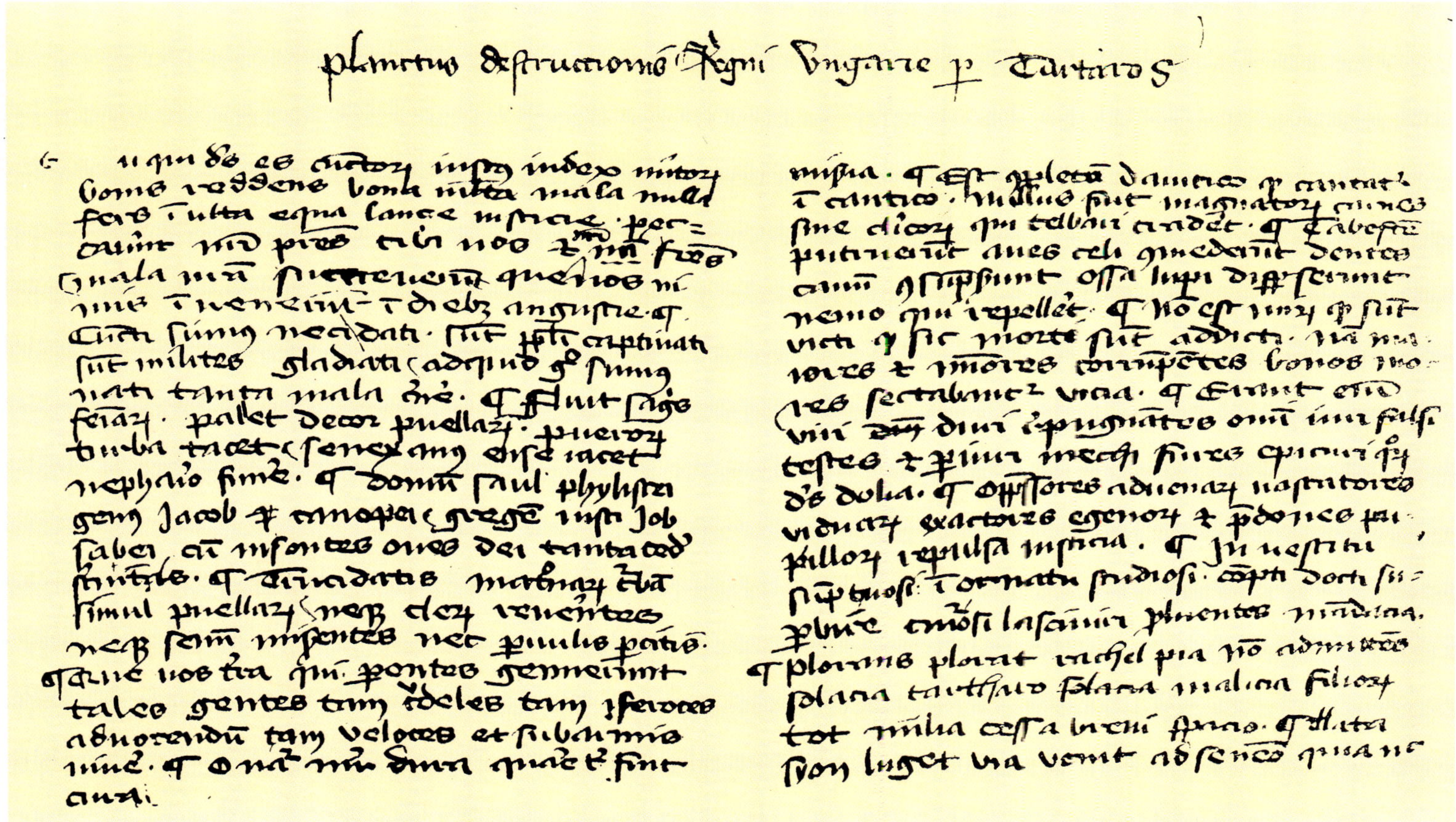
planctus destructionis regni Ungarie per Tartaros

Planctus destructionis regni Hungariae per Tartaros – Klagelied auf die Vernichtung des Königreichs Ungarn durch die Tataren. Erste Seite des Manuskriptes aus dem 15. Jahrhundert.

Was schön war, vernichteten sie
Kostbares besudelten sie
Rang, Geschlecht, Alter schändeten sie
Hilfe brachte niemand
in dieser Pestilenz...

(Klagelied auf die Vernichtung des Königreichs Ungarn durch die Tataren. 1242)

Die Mongolen brauchten weder Äcker noch Städte. Ihre Handwerker konnten mit ihnen in den Jurten, den leicht aufschlagbaren Zelten, wohnen. Gefangene, Diener brauchten sie auch nicht, auf ihrem Heimweg ermordeten sie einen Großteil von ihnen. Das Volk des Dschingis Khan gehörte nicht zum europäischen Kulturkreis: Ihr Werturteil war sowohl im gegenständlichen als auch im moralischen Sinne ein völlig anderes. So gab es von China bis Mitteleuropa kein Volk, das ihre Ausbreitung hätte eindämmen können: Ihre eigenen inneren Zwistigkeiten führten bald dazu, daß ihr Reich in mehrere Teile zerfiel, und diese Aufsplitterung lähmte sie dann auch. War der Feldzug nach Ungarn tatsächlich die Vorbereitung für eine spätere, endgültige Eroberung (und daran kann kaum gezweifelt werden), so konnte sie glücklicherweise nicht mehr erfolgen.

Wiederaufbau? – Neubau

Womit unterstützte die christliche Welt Ungarn in der Stunde der Gefahr? „Nil nisi verba“ (Außer in Worten mit nichts). Aus langjähriger Erfahrung als Herrscher schrieb König Béla IV. diese bitteren Worte in einem Brief an den Papst nieder. Auch nach dem Abzug der Tataren mußte sich das Land hauptsächlich auf seine eigenen Kräfte verlassen. Die Größe König Bélas zeigte sich darin, daß er in dieser Lage alles frühere Unrecht vergaß, seine sämtlichen früheren Pläne begrub und eine völlig neue Politik begann. Während er bisher die Macht der Barone schwächen und die königliche Zentralmacht stärken wollte, sah er jetzt ein, daß die Gefahr eines erneuten Angriffs der Tataren andere Taten erforderte. Die Tataren hatten fast widerstandslos die ungeschützten, mauerlosen Ortschaften einnehmen können – also mußten Verteidigungswerke, Burgen gebaut werden. Das Geld des Königs reichte dazu aber nicht aus, also sollten auch die Barone bauen. Und im ganzen Land begann eine gewaltige Bautätigkeit, um den Schutz des Landes zu sichern – und damit auch Macht und Einfluß der lokalen Herren zu stärken. Die umfangreichsten Bauarbeiten begannen gegenüber der Stadt Pest, am jenseitigen Donauufer, auf dem Neupester Berg genannten steilen Hügel: Hier entstand die neue Hauptstadt des Landes. In den glücklichen Zeiten vor dem Tatarensturm war die Gründung von Siedlungen kaum nach Verteidigungsgesichtspunkten erfolgt; jetzt aber wußte man bereits, daß das Land eine solche Hauptstadt und einen solchen königlichen Sitz benötigte: geräumig genug, um Hof und Bürgertum aufzunehmen, und außerdem gut zu verteidigen. Die enge Burg Esztergom konnten die Tataren nicht einnehmen – wohl aber das Gebiet am Fuß der Burg, wo die Bevölkerung wohnte. Die Stadt konnte nicht verteidigt werden: Sie wurde nur von schwachen Palisaden geschützt, und auch das Gelände bot keine Verteidigungsmöglichkeit. Die andere königliche Residenz, Stuhlweißenburg, wurde nur durch den die Stadt umgebenden Sumpf geschützt – wenn gerade feuchtes, regnerisches Wetter herrschte...

Die Neupester Burg – die Budaer Burg, wie sie von da an hieß – wurde auf einem großen Plateau gebaut, ihre Mauern ragten direkt neben den steilen Abhängen empor. Nur an der Nordseite führte ein Abhang zum Tor. Auf dem am besten zu verteidigenden südlichen Teil des Plateaus wurde das königliche Schloß errichtet, daneben die Häuser der Hofherren; auf dem größeren, dem nördlichen Teil entstand die Bürgerstadt. Auch zwei große gotische Pfarrkirchen wurden hier erbaut, die Liebfrauenkirche (heute Matthiaskirche) für die deutschen Bürger und die Maria Magdalena geweihte herrliche Kirche der ungarischen Bürger.

Auch die Mönchsorden ließen sich hier nieder, als erster der neue Bettelorden. Das Dominikanerkloster war schon bald darauf Ort der Ratsversammlung der Ordensführer aus mehreren Ländern.

Das wichtigste aber war, daß sich die neue Hauptstadt bald zu einem bedeutenden Handelszentrum entwickelte; deutsche und ungarische Bürger sowie Kaufleute und Handwerker anderer Nationalitäten ließen sich gern zwischen den für sicher gehaltenen Mauern und den mit Privilegien beschenkten Bürgern nieder. Auf die bedeutende Zahl der sich hier ansiedelnden jüdischen Bevölkerung weist die Tatsache hin, daß es noch im Mittelalter zwei nahe beieinander stehende Synagogen gab. Die Ofener, als Bürger der königlichen Residenzstadt, verfügten auch über bedeutenden politischen Einfluß; ein gutes halbes Jahrhundert später, als der Thron vakant wurde, waren sie bestrebt, auch bei der Thronfolge mitzureden.

Das Bauen von Burgen und insbesondere die Genehmigung und Unterstützung zum Bau von Burgen der Barone waren eine völlig neue Politik. Damit verlor das königliche Komitat, die Basis der Staatsorganisation Stephans I., endgültig seine frühere Rolle. In den sechziger Jahren des 13. Jahrhunderts, als die Barone selbständig wurden, begann man auch die tatarische Gefahr zu vergessen und damit zugleich die Wichtigkeit der Zentralmacht. Das veranlaßte, ja zwang den immer mehr an Profil gewinnenden Kleinadel, die Verteidigung seiner Interessen selbst in die Hand zu nehmen, er beschleunigte die Herausgestaltung seiner eigenen Organisation, des Adelkomitats. Jetzt wählte der Kleinadel selbst jene zwei oder drei Adligen je Komitat, die alljährlich auf dem Gerichtstag in Stuhlweißenburg erschienen, der von der Goldenen Bulle vorgeschrieben und der Vorgänger des alljährlich abgehaltenen Landtages war. Die Bedeutung der Kleinadligen als Bewaffnete war derart gewachsen, daß auch die Barone gezwungen waren, diese neue Institution zu dulden. Dieser Aufstieg der ehemaligen königlichen Servienten war auch anderen Schichten dabei behilflich, ihren Wunsch nach einer gesicherten Rechtslage zu erfüllen: Manchmal wurden sogar ausgezeichnete Handwerker zu Kleinadligen gemacht. Diese Veränderungen wurden aber nicht als Reformen aufgefaßt, in ihnen verkörperte sich auch die allgemein verbreitete Ansicht über die Kontinuität in Form der Wiederherstellung der von Stephan dem Heiligen bestimmten Ordnung. Die Kleinadligen erhielten jetzt „die Freiheit des heiligen Königs", die man ihnen früher genommen hatte, wieder zurück...

Um der Sache Nachdruck zu verleihen, legten König Béla IV. und seine beiden Söhne,

Totenkrone von der Margareteninsel. Im Kloster auf dieser Insel verbrachte die in unserem Jahrhundert heiliggesprochene Margarete aus dem Arpadenhaus in tiefer Frömmigkeit ihr kurzes Leben.

Stephan und der jüngere Béla, dies 1267 auch in einer Urkunde fest. Einige Auszüge aus diesem Freiheitsbrief:

„Wir, Béla, von Gottes Gnaden König von Ungarn, und Stephan, durch denselben jüngerer König der Ungarn und Herzog von Siebenbürgen, und Béla der Jüngere, Herzog von ganz Slawonien, geben mit diesem Brief jedem Einsehenden bekannt, daß sämtliche Adligen Ungarns, die königliche Servienten [*servientes regales*] genannt werden, vor Uns getreten sind und untertänigst und ehrerbietig gebeten haben, daß Wir so gnädig sein mögen, sie in ihrer von Stephan dem Heiligen angeordneten und gewonnenen Freiheit zu bekräftigen... Da Wir verstanden haben, daß diese Bitten berechtigt und gesetzlich sind, haben Wir auf den Rat und mit dem Einverständnis unserer Barone diesen nachzugeben für richtig gehalten... Wir verfügen also, daß Geldkontributionen oder Steuern für die Kammer oder aus anderen Gründen vom adligen Volk auf keinen Fall und zu keiner Zeit eingenommen werden dürfen und Wir oder andere sie nicht einmal im Kriegsfalle belasten... Wir haben ferner angeordnet, daß jedes Jahr am Festtag des heiligen Stephan [20. August] einer von Uns unbedingt nach Stuhlweißenburg zu gehen hat, und daß sich dort auch die Adligen, aus jedem einzelnen Komitat zwei oder drei, versammeln, um Genugtuung für jeden Schaden und jede Ungerechtigkeit zu bekommen, ganz gleich, wer sie ihnen angetan hat... Und in aller Freiheit von Stephan dem Heiligen, darin und auch in anderem erhalten und bewahren Wir die Adligen unangetastet, so Uns Gott helfe..."

Die Folge dieser Veränderungen war eine moderne Gesellschaftsordnung: Eine sich vereinheitlichende, weniger belastete Hörigkeit, ein sich ebenfalls vereinheitlichender, in hohem Maß persönlich freier Kleinadel sowie die unentbehrliche Schicht der Barone bildeten von der zweiten Hälfte des 13. Jahrhunderts an die weltliche Gesellschaft in Ungarn. Diese Gesellschaft wies kaum noch Züge des Zustandes im 10. Jahrhundert auf, sie unterschied sich in fast nichts mehr von den Gesellschaften der deutschen und der französischen Fürstentümer. Hierin folgte sie der Kirchenordnung, die bereits im Verlauf des 11. Jahrhunderts das europäische Beispiel nachvollzogen hatte und in der Zeremonie, in den Institutionen und der Bildung keine wesentliche Abweichung von ihren Vorbildern zeigte.

Die Entstehung Mitteleuropas

Dies alles war nicht allein eine ungarische Angelegenheit und nicht nur eine Frage der Anpassung oder Assimilation. Wie es scheint, verband Ungarn keine gemeinsame Vergangenheit, Abstammung oder Tradition mit dem benachbarten österreichischen Herzogtum. Jene Charakteristika, die die Taten der ungarischen Könige Andreas II. oder Béla IV. bestimmten, zeigten sich dort nicht: Es gab keine königlichen Komitate, aber auch nicht jene tragischen und noch nach Jahrzehnten in den Menschen fortwirkenden Familienereignisse. Doch die Zentralmacht wurde in beiden Ländern auf ähnliche Weise mit der Macht der Barone konfrontiert, und in beiden Staaten forderten die langsam erstarkenden Städte und Bürger den ihnen gebührenden Platz.

Größere politische Staatsgebilde können durch Eroberungen entstehen – doch mit dem Tod des Eroberers, mit der Auflösung seiner Armee zerfallen und verschwinden solche Einheiten auch wieder schnell. Während der parallelen Entwicklung kann aber auch die Einheit angestrebt werden, indem der eine Baron den anderen sucht, dessen Burgbauplan ein Herrscher auf ähnliche Weise hemmt (vielleicht sich auf völlig andere Gründe berufend); die eine Stadt hält zu der anderen, sogar zur Konkurrentin, um gemeinsam einen Herrscher zu suchen, der Städte beschützt... All dies beginnt tastend, ungewiß, erst nach Jahrzehnten oder Jahrhunderten wird daraus bewußtes Handeln.

Es gibt aber (wenn man vom Mittelalter spricht) jemanden, der schon von Anbeginn einen besseren Überblick haben kann als der

Aquamanile in Form eines reichgeschmückten Frauenkopfes, der vielleicht die Züge eines Helden der ungarischen Geschichte bewahrt. 13. Jh.

Aquamanile in Form eines Kentauren. 13. Jh.

Bürger oder der Ritter. Das ist der Herrscher. Er ist nicht zufällig die Schlüsselfigur für die Geschichte des Mittelalters: Seine Rolle und sein Interesse veranlassen ihn, tiefer hinter die Dinge zu blicken (wenn er dazu fähig ist), gewagtere Pläne zu schmieden und eine politische Tätigkeit auszuüben, die durch das Abwägen der Möglichkeiten und Kräfte und von dem Bemühen gekennzeichnet ist, Anhänger zu werben. Hierzu bietet ihm der Zufall des Kampfes um den vakanten Thron Hilfe. Wir sagen Zufall, denn die wirkliche Gelegenheit bietet sich nur dann, wenn kein gesetzlicher Erbe da ist; die für jeden Herrscher so wichtige Loyalität entspringt der Legalität, und es ist nicht klug von einem Herrscher, dagegen aufzutreten und so seinen eigenen Rechtstitel in Frage zu stellen.

In dem sich langsam konsolidierenden Mitteleuropa bot sich dieser Zufall das erste Mal mit dem Aussterben der Babenberger. Herzog Friedrich II. der Streitbare, der seinem Beinamen alle Ehre machte, fiel im Kampf gegen die Ungarn in der Schlacht an der Leitha im Jahr 1246. Es begann ein Kampf um die erledigten Reichslehen Österreich und Steiermark zwischen Ottokar II. Přemysl, König von Böhmen, dem ungarischen König Béla IV., Kaiser Friedrich II. und dem Heiligen Stuhl – letzterem wollte angeblich Herzog Friedrich seine Länder vermachen. Doch 1250 starb auch der Kaiser ohne Erben, und der Heilige Stuhl begnügte sich damit, seinen Einfluß geltend zu machen. Die Lage begünstigte Ottokar, um so mehr, als der König von Böhmen sehr zeitgemäße Vorstellungen von der Entwicklung der Städte und dem Brechen der Macht der Barone hatte. Ihm lag der Wohlstand Wiens besonders am Herzen – er gewann auch die Sympathien der Bewohner der sich entwickelnden Stadt an der Donau.

Béla IV., der mit dem Wiederaufbau seines eigenen Landes beschäftigt war, begnügte sich im Preßburger Frieden mit dem Besitz der Steiermark; in Österreich dagegen gewann Ottokar immer größeren Einfluß.

Ottokar wollte seinen Anspruch auch durch eine Ehe sichern, deshalb heiratete er die nicht mehr junge Margarete, Schwester des verstorbenen Herzogs Friedrich. Als ihnen kein Kind geboren wurde, verstieß er Margarete und suchte mit einer neuen Ehe die Verwandtschaft des ungarischen Königs. Seine neue Gemahlin, Kunigunde, war die Enkelin Bélas IV., das Kind von dessen Tochter Anna und des Fürsten von Halitsch, Rastislaw. Doch war Ottokar damals, im Jahr 1261, bereits der wirkliche Herrscher über das gesamte Erbe der Babenberger: über Österreich und die Steiermark. Er wollte seine Macht festigen, indem er begann, die in den wirren Zeiten erstarkte Macht der Barone zu brechen; zuerst zerstörte er ihre Burgen. Man kann sich vorstellen, welch böses Blut das im Kreis der Barone gegen ihn machte. Ottokars Glücksstern stieg jedoch weiter: Testamentarisch fielen Kärnten und Krain an ihn (1269), im Jahr 1272 erwarb er Friaul, und so reichte seine Macht bis Italien. Sein Glück wurde ihm aber zum Verhängnis, er schaffte sich zu viele Feinde und Neider. In seinen eigenen Ländern empörten sich die zu dieser Zeit unentbehrlichen Landesherren, die Barone, gegen ihn; seine Eroberungen im Süden verletzten die ungarischen Interessen, und die deutschen Fürsten waren seiner Macht im Reich ohnehin schon überdrüssig. Deshalb setzten sie auf Vorschlag des Burggrafen von Nürnberg und des Bischofs von Mainz einen „neuen Mann“ auf den vakanten Thron: Sie wählten Graf Rudolf von Habsburg zum deutschen König (1273). Ottokar spottete über den „armen Grafen“, und sein Gesandter stimmte gegen Rudolf – natürlich vergebens.

König Rudolf machte sich zielbewußt an Ottokars Umzingelung. Er ließ ihn vor den Reichstag des Jahres 1274 laden, und da Ottokar nicht erschien, belegte er ihn mit dem Reichsbann. Dann sammelte er Verbündete für die Militäraktion: Die Wittelsbacher, die Ungarn, der Erzbischof von Salzburg und der Graf von Görz schlossen sich mit ihm gegen Ottokar zusammen. Der Böhmenkönig konnte den vereinten Kräften nicht standhalten, und als Rudolfs Truppen in Österreich eindrangen, wendete sich der Großteil der Landesherren und der Städte von ihm ab. Im Frieden von Wien (1276) wurden ihm seine österreichischen Besitzungen als Reichslehen genommen, und er mußte sich mit der Böhmenkrone begnügen, die ihm vom Reich erneut übertragen wurde. Nur Wien stand noch auf seiner Seite, Rudolf war jedoch bereit, jeden Wunsch zu erfüllen: Die Landesherren konnten ihre Burgen wieder aufbauen, auch die Städte erhielten alle ihre früheren Vergünstigungen, und Wien machte er zur Reichsstadt.

Ottokar fügte sich nicht in seine Niederlage und bereitete sich auf einen Gegenschlag vor. Er wollte auch den ungarischen König Ladislaus IV. (1272–1290) als seinen Verbündeten gewinnen, doch das gelang ihm – teils wegen Familienzwistigkeiten – nicht. Im Gegenteil, als sich Ottokar 1278 zu einem erneuten Krieg gegen Rudolf entschloß, bat der militärisch unvorbereitete Rudolf Ungarn um Unterstützung, und Ladislaus eilte ihm mit einem großen Heer zu Hilfe. Die Schlacht auf dem Marchfeld brachte die Entscheidung. Die zeitgenössische *Reimchronik* beschreibt eingehend die Schlacht, in der das von Rudolf und Ladislaus geführte Heer sich zahlenmäßig im Nachteil befand. Die Schlacht wurde dadurch entschieden, daß die ungarischen Armeen Ottokars Ersatzarmee aufrieben, und als sein Hauptheer wankte, gab es keine Hilfe mehr. Otto von Steier rühmte in seiner *Reimchronik* die Tapferkeit der Ungarn diesmal natürlich über alle Maßen:

Künstlerisch gestaltete Fibel aus der zweiten Hälfte des 13. Jahrhunderts. Form und Stil sind ganz „modern“, nur die Ranken erinnern an die alten Traditionen.

...si belibent ungezalt,
die die unger valten nider
in dem Strit so hurticlichen
als si datze Francrichen
hieten vehten gelernt...
....

hit si des tages der gesehen
der müest in des für war gehen,
si kunden schvaebischen vehten
swen si sich darzur gerehten
mit rossen und mit harnasch
als von Trense der wigant
mit siner ellenhafter hant
und die mit im da warn
in den zwein scharn.

Ottokar selbst kämpfte heldenmütig und fiel in der Schlacht; bald starb auch das Haus Přemysl aus. Die Möglichkeit und der Anspruch auf eine gewisse politische Einheit in Mitteleuropa, das sich verwaltungsmäßig immer mehr anglich, hörte mit Ottokars Tod nicht auf.

Die heilige Margarete. Kupferstich, 15. Jh.

Königstöchter – Nebenpersonen?

Der Vater König Bélas IV., Andreas II., war bestrebt, mit seinen Kindern eine dynastische Politik zu betreiben. Er suchte für sie von Nikaia bis Sachsen erhabene Gemahle. Eine seiner Töchter wurde als die heilige Elisabeth von Thüringen in ganz Deutschland bekannt und verehrt. König Bélas älteste Tochter Kunigunde, eine Nichte Elisabeths, wurde fast noch als Kind die Gemahlin des Polenfürsten Boleslaw. Aus den Chroniken geht hervor, daß die beiden streng katholischen Ehepartner in gänzlicher Unschuld lebten, und nach dem frühen Tod ihres Gemahls wurde Kunigunde die Äbtissin des von ihr gegründeten Klosters. Ihre Mutter trug Kunigundes jüngere Schwester, Margarete, noch unter dem Herzen, als sie vor den Tataren nach Dalmatien floh. Das königliche Paar legte das Gelübde ab, das nach ihrer Flucht geborene Kind, sollte es ein Mädchen sein, als Nonne in ein Kloster zu geben. Als kleines Kind gelangte Margarete zuerst in das Veszprémer Kloster der heiligen Katharina, dann als Zehnjährige in das Dominikanerkloster auf der Donauinsel bei Buda (die heute nach ihr benannte Margareteninsel). Hier verbrachte sie ihr kurzes Leben.

Bereits als Kind gab sie ein ergreifendes Beispiel für Kasteiung und tiefe Frömmigkeit. Sie wurde nach Stephan, Emerich, Ladislaus und Elisabeth die fünfte Heilige in ihrer Familie. Ihre ungarischsprachige Legende, die in einem Kodex aus dem 15. Jahrhundert erhalten blieb, stellt ein Meisterwerk der frühen ungarischen Prosa dar.

Margaretes ältere Schwester Anna wählte sich ein völlig anderes Leben. Auch sie war früh verheiratet worden, und zwar mit dem russischen Fürsten Rastislaw, der später als Schwiegersohn des Königs Banus von Macsó (im Süden, unweit von Belgrad) wurde. Sie lästerte voller Haß über ihren Bruder, der später als Stephan V. nur kurze Zeit regierte, und besonders über dessen Gemahlin, die kumanische Prinzessin Elisabeth, da sie es der erst spät getauften und nach anderer Sitte erzogenen Königin übelnahm, daß sie sich neben ihrem Gemahl Liebhaber hielt... Dabei hatte Anna gerade in dieser Hinsicht kaum einen Grund zu Vorwürfen.

Ihr Ehrgeiz wurde maßlos von der Tatsache geschürt, daß ihre Tochter Kunigunde als zweite Gemahlin König Ottokars ins Zentrum der Reichspolitik gelangte. Sie hielt sich oft am Hof ihres Schwiegersohnes auf, wo sie zwischen diesem und ihrem Bruder Stephan Feindseligkeit entfachte; nach dem Tod Bélas IV. (1270) plünderte sie sogar die Schatzkammer der Arpaden und schmeichelte mit den Schätzen ihrem Schwiegersohn... So waren die Familienbeziehungen keine Bande zwischen den beiden Herrschern, sondern machten sie im Gegenteil zu Gegnern. Und wenn wahr ist, was in der *Reimchronik* steht, dann lebte Anna in späteren Jahren so ausschweifend, verteilte sie die Freuden der Liebe derart reichlich im Lager ihres Schwiegersohnes, daß, als sie vor dem Heer erschien, Jünglinge und Pagen ihr spöttische Worte zuriefen...

Blättert man in der Sittenchronik des 13. Jahrhunderts weiter, findet man auch über die Töchter Stephans V. nicht viel Gutes. Katharina wurde die Gemahlin des serbischen Fürsten Dragutin, bald aber die Geliebte von dessen jüngerem Bruder, Milutin; als ihre jüngere Schwester Elisabeth, Nonne in einem Dominikanerkloster, sie besuchte, verführte Milutin auch diese... Elisabeth legte schließlich die Nonnenhaube ab und heiratete jenen böhmischen Baron, von dem böse Zungen behaupteten, er sei der Geliebte ihrer Kusine Kunigunde, der Witwe Ottokars, gewesen... Wir sollten aber damit Schluß machen. Oder vielleicht doch nicht. Wie man sieht, sind Schlafzimmergeschichten nicht ganz unschuldig – auch nicht in der Geschichte.

Und die Ehen erst recht nicht. Große Bedeutung erlangte schließlich jene Familienbeziehung, die Stephan V. mit den sizilianischen Anjous anbahnte. Er bekam für seinen Sohn Ladislaus Isabella als Gemahlin und gab seine Tochter Maria Isabellas Bruder zur Frau. Isabellas Ehe scheiterte; Ladislaus IV., der sich zum kumanischen Volk seiner Mutter hingezogen fühlte und eine kumanische Nebenfrau hatte, mied trotz der Warnung des Erzbischofs von Esztergom, ja sogar des Papstes das Ehebett und starb ohne Nachkommen 1290 durch den Säbel eines kumanischen Vornehmen. Die sizilianischen Abkömmlinge der ungarischen Maria jedoch gelangten auf den ungarischen Thron – das 14. Jahrhundert stand unter ihrem Zeichen.

Durch ihre Abstammung konnten sie überzeugender ein Recht auf den Thron formulieren als die Habsburger, die auf das Land als Reichslehen Anspruch erhoben: Ungarn war aber kein Reichslehen und wollte auch keine Provinz des Reiches werden. Jedoch trug auch die Herrschaft der Anjous nicht zur einheitlichen Entwicklung Mitteleuropas bei. Dabei nahten bereits die Apokalyptischen Reiter: Schon organisierte sich im Schatten der Tatarenmacht jenes Türkenreich, das Kleinasien, den Balkan und bald auch Konstantinopel einnahm und dann weiter nach Westen vordrang... János Hunyadi, der große ungarische Heerführer und Reichsverweser des Landes, hielt sie durch seine großen Siege zurück; sein Sohn, König Matthias, machte einen neuen Versuch zur Verwirklichung der alten Pläne Ottokars: Er vereinigte unter seiner Herrschaft Böhmen und Österreich mit Ungarn. Infolge seines frühen Todes wurden seine Pläne zunichte. Währenddessen hatte sich jedoch der Weg nach dem fernen Indien geöffnet, und drei kleine Schiffe des Kolumbus segelten über den Ozean; die Welt wurde weit, die früheren Proportionen verzerrten sich. Man konnte und mußte zwar noch immer das gleiche tun, das war aber nicht mehr dasselbe.

Das ist aber bereits ein neues Kapitel. Das vorliegende soll damit schließen, daß auf die bizarre, doppelgesichtige Herrschaft Ladislaus' IV. der letzte Arpadenkönig, Andreas III., folgte, das Kind des postumen Sohnes Andreas' II. Er war in Italien zur Welt gekommen und erzogen worden, zwar in einem wohlhabenden, nicht aber königlichen Milieu. Ungarn und seine Verhältnisse kannte er wenig; seine Macht hatte kaum eine Basis. Zwar unterstützten ihn die Barone, weil sie mit Recht hofften, er werde ihnen ein gefügiges Werkzeug sein. Nachkommen hatte er keine. Mit ihm starb 1301 die männliche Linie der Arpaden aus (die weibliche Linie lebt noch heute in zahlreichen europäischen Herrscherfamilien weiter). Unter seiner kaum länger als ein Jahrzehnt währenden Herrschaft (1290–1301) erstarkten die Landesherren, die „Kleinkönige". Die Dörfer entwickelten sich, die Kumanen siedelten sich an und verschmolzen allmählich mit den Ungarn zu einem einheitlichen Volk. Auch die Städte entwickelten sich, vor allem Buda; Bildung, Schulwesen und Literatur blühten auf. Und schon vorher fand der Wettstreit um die Krone der Arpaden statt. Der Einsatz war hoch: Wer die Krone gewann,

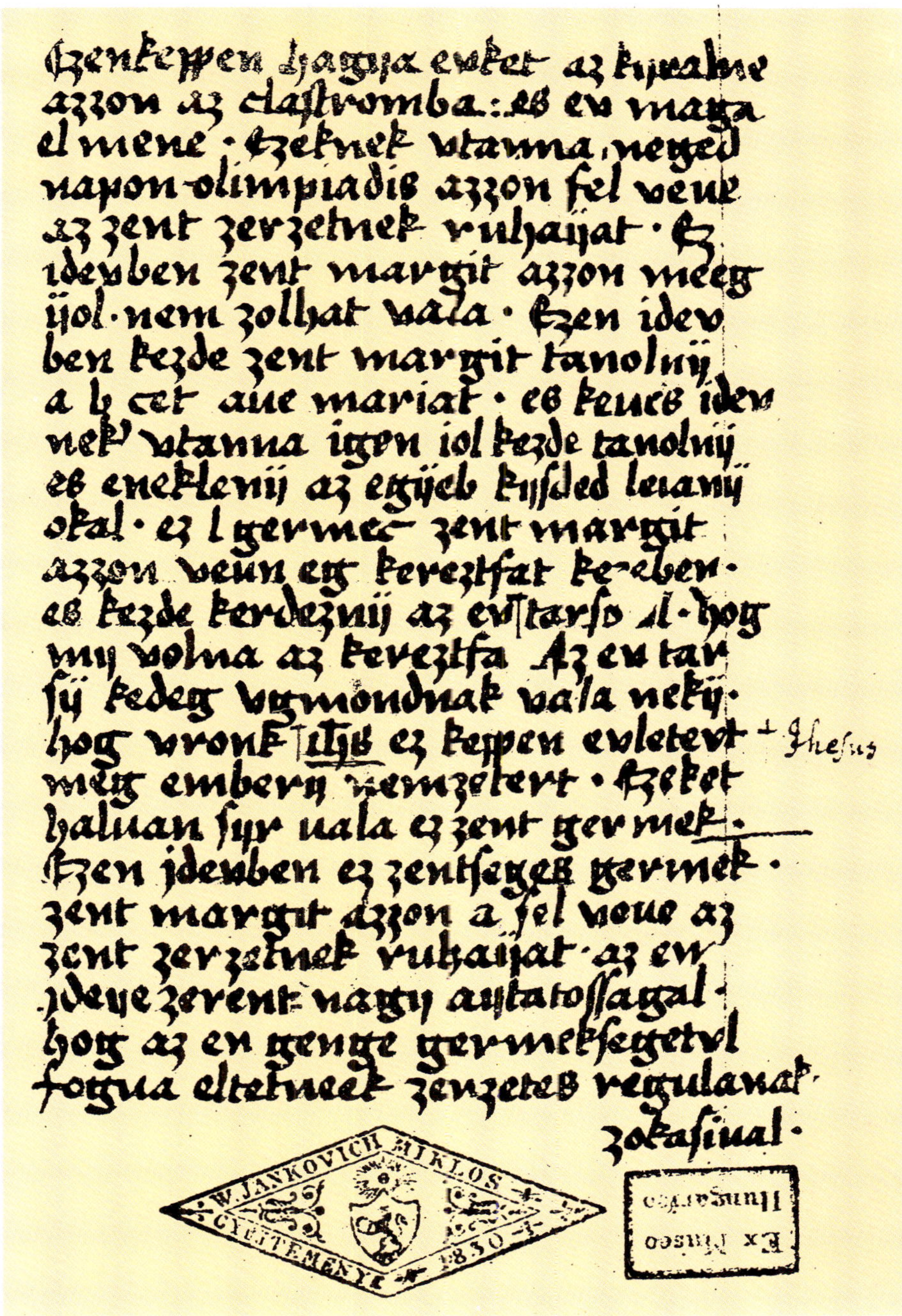
ezenkeppen hagya evket az kyralne
azzon az clastromba:.es ev maga
el mene · ezeknek utanna, negyed
napon olimpiadis azzon fel veue
az zent zerzetnek ruhayat · ez
ideuben zent margit azzon meeg
iiol · nem zolhat vala · ezen ideu
ben kezde zent margit tanolnij
a b cet aue mariat · es keues ideu
nek utanna igen iol kezde tanolnij
es enekleniij az egyueb kysded leanij
okal · ez l germec zent margit
azzon veun egy kereztfat kezeben ·
es kezde kerdeznij az evtarsoit · hogy
my volna az kereztfa Az ev tar
sij kedeg vgymondnak vala nekij ·
hogy vronk jhs ez keppen evletevt + Ihesus
megh embery nemzetert · ezeket
haluan syr uala ez zent germek ·
ezen ideuben ez zentseges germek ·
zent margit azzon a fel veue az
zent zerzetnek ruhayat · az ev
ideye zerent nagy aytatossagal ·
hogy az ev genge germeksegetvl
fogua eltetneek zenzetes regulanak ·
zokasiual ·

Ein Blatt der ungarischsprachigen Legende der Königstochter Margarete, Manuskript aus dem 15. Jahrhundert. Das schönste Beispiel der ungarischsprachigen Legendenliteratur, verfaßt für die des lateinischen Lesens unkundigen Nonnen.

wurde ein mächtiger Herr über ein reiches Land. Wer sie in Besitz nahm, dem huldigte auch die Nachwelt, die Geschichte: Ihm wird gutgeschrieben, was er getan hat, aber auch das, was andere vollbracht und er nur erworben hat... Wer in den Besitz der Krone kommt, dem eröffnen sich große Möglichkeiten, er muß sie nur erkennen und nutzen. Er muß sein Volk überzeugen, damit es ihm auf dem langen, schweren Weg zur Verwirklichung seines Bestrebens folgt.

Doch aus wem besteht das Volk? Aus den Boden bebauenden Untertanen, deren einzige Sorge es ist, auch im nächsten Jahr ein Stück Brot zu haben und ihre Kinder großziehen zu können, die dann an ihre Stelle treten: die Bauernkinder... Aus städtischen Bürgern, die mit ihren Erzeugnissen auf den Jahrmarkt gehen und sich um das Gemeinwesen kümmern, wobei sie hoffen, ihren Wagen möge nicht unterwegs ein dahergelaufener Ritter ausrauben... Und auch aus Adligen, aus den Herren einiger Bauern und den Dienern einiger Barone, die mehr Bauern unter sich und weniger Barone über sich sehen möchten. Und aus Priestern, die auf ein geringes Einkommen und eine kleine Ernte angewiesen sind, und aus Pröpsten, die den Kalender vom Fastenfisch über den Osterschinken, das Sommerhuhn, die Herbstgans bis zum Winterschwein verfolgen, und aus den Bischöfen, die sich zwischen den Baronen ihren Platz gesichert haben... und aus den Baronen, die Herren über Landesteile sind, die aber Herren über das ganze Land sein möchten, und die sich nur dann zitternd unter des Königs Dach versammeln, wenn es, Gott behüte, etwas stärker donnert und blitzt.

Und wenn der König all dies Volk oder wenigstens einen großen Teil auf seine Seite gebracht hat, möge der Heilige Geist über den Herrscher kommen, um ihn auf den Weg zu führen, den die Nachwelt als richtig ansehen wird.

So oder so, das Leben der Menschen und der Länder geht weiter. Und schließlich wird daraus Geschichte.

Teil des Freskos des berühmten österreichischen Barockmalers Franz Anton Maulbertsch in der ehemaligen Kapelle des Lyzeums von Eger: Die ungarischen Heiligen. In der Mitte Margarete und Elisabeth, links Stephan und Emerich, rechts Ladislaus. 1793.

◁
Meßgewand vom Ende des 14. Jahrhunderts mit der Gestalt einer ungarischen Heiligen.

Printed in Hungary 1989
Druckerei Kossuth, Budapest

E SANCTA MARIÆ SITAE IN CIVITATE ALBA